Eva Male

Amerika all inclusive

Von Air-Condition bis Zero-Tolerance

Die Deutsche Bibliothek – CIP Einheitsaufnahme
Eva Male
Amerika all inclusive – Von Air-Condition bis Zero-Tolerance
Wien: Molden Verlag 2006
ISBN 3-85485-180-4

www.molden.at

Umschlaggestaltung, Satz, Illustration: Emanuel Mauthe
Lektorat: Doris Tempfer-Naar
Herstellung: Barbara Peyer/BaPeyer Werbung & Produktion
Druck: CPI Moravia Books GmbH

ISBN 3-85485-180-4

Eva Male

Amerika all inclusive

Von Air-Condition bis Zero-Tolerance

Molden Verlag

Sebastian Hesse: Staunen in Suburbia

Die Wächter des amerikanischen Traums in verschlafenen Vorstädten

Ein radikalerer Stimmungswechsel ist kaum vorstellbar. In den Monaten nach dem 11. September 2001 war die europäische Solidarität mit den USA schier grenzenlos. Kaum begann jedoch Washingtons Säbelrasseln in Richtung Irak, war es schlagartig aus mit der Solidarität. Die alte Skepsis war über Nacht wieder da. Das Misstrauen, was die politischen Motive Amerikas betrifft. Auch in den Ländern, deren Regierungen den militärischen Sturz Saddam Husseins unterstützten, gingen die Menschen auf die Straße: Die größten Anti-Kriegs-Demonstrationen fanden in London und in Rom statt. Als wäre ein unsichtbarer Schalter umgelegt worden, kippte die Haltung gegenüber der Bush-Regierung. Gerade hatten sich auch hartnäckige Verächter dazu durchgerungen, Präsident George W. Bush Respekt zu zollen für seinen Umgang mit der nationalen Katastrophe. Da überwog schon wieder das Befremden. Wie kaum ein Amtsvorgänger gab und gibt dieser Präsident den Europäern Rätsel auf. Seine von missionarischem Pathos durchzogene Sprache irritiert ebenso wie die Inszenierung seiner hurra-patriotischen Auftritte. Und am allermeisten befremdet die Begeisterung der Amerikaner für diesen Mann und ihre unkritische Haltung zu seiner streitbaren Politik. Amerika gibt Europa Rätsel auf.

Eva Male und ich waren während dieser Zeit USA-Korrespondenten in Washington DC. Die Korrespondenten-»Community« war auf einzigartige Weise zusammengerückt, was eine Reihe von Gründen hatte. Die emotional aufwühlenden Ereignisse waren auch an uns nicht spurlos vorübergegangen. Die Unersättlichkeit der Heimat-Redaktionen bescherte allen ein heftiges Arbeitspensum. Das Fremdeln der Amerikaner mit Angehörigen der Kriegsverweigerer-Nationen trug nicht unbedingt zu mehr Behaglichkeit bei.

Am schwierigsten aber – und diese Erfahrung teilten alle Auslandskorrespondenten – war das Anschreiben gegen die Voreingenommenheit der heimischen Redakteure, die die Themen bestellten. Wohlwollende Berichterstattung, das Bemühen um Verständnis war kaum mehr möglich. Die Artikel, Hörfunk- und Fernsehbeiträge wurden mitsamt Tenor bestellt. Und der schwankte zwischen Skepsis, Misstrauen und gelegentlich auch Feindseligkeit. Der Korrespondent als *Advocatus Diaboli*: Auf der anderen Seite des großen Teiches erntete man nicht selten Unverständnis, wenn man versuchte, die Motive amerikanischen Handelns zu erklären. Fast schien es, als seien die Europäer gekränkt, persönlich beleidigt, dass das Bush-Amerika nicht im europäischen Sinne geläutert den 11. September bewältigte, sondern in alte, überkommen geglaubte Handlungsmuster zurückfiel. Ohne Frage hat der Irak-Krieg den transatlantischen Graben erheblich verbreitert. Er hat auch offenbart, dass viele Europäer nicht die Amerika-Experten sind, für die sie sich halten.

Es ist die amerikanische Popkultur, die uns Europäern seit Jahrzehnten vorgaukelt, wir wüssten alles über die USA. Eva Male und ich gehören einer Generation an, die mit amerikanischer Popmusik, mit amerikanischen Kinofilmen und amerikanischen Fernsehserien aufgewachsen ist. Und davon vielleicht mehr geprägt wurde als von den heimischen Pendants. Popkultur aus den USA macht ihre Konsumenten glauben, sie wüssten alles und jedes über das Ursprungsland. Man sollte meinen, popkulturelle Erzeugnisse hätten jeden erdenklichen Winkel der amerikanischen Gesellschaft ausgeleuchtet. Amerikanische Detektive nahmen uns mit in die entlegensten Milieus. Romantische Komödien ließen uns mitfiebern, wenn sich die Wege von Menschen der gegensätzlichsten Lebenswelten kreuzten. Der Western erklärte uns Frühgeschichte und Gründermythen. Bob Dylan und Pete Seeger zeigten die soziale Schieflage. Charlton Heston glorifizierte den amerikanischen Traum. Woody Allen analysierte die amerikanischen Neurosen. Frank Zappa kommentierte den American Way of Life mit ätzender Häme. Das Paranormale begegnete uns in *Akte X*, und sogar Blicke in die Zukunft der USA waren uns vergönnt: an der Seite Captain Kirks oder des *Blade Runners*. Kurz: Um Amerika-Experte zu werden, musste man nie in den USA gewesen sein.

Eva Male und ich waren mehrere Jahre in Amerika. Wir haben den 11. September 2001 in Washington DC erlebt. Wenige Tage danach fuhren wir gemeinsam nach New York und erlebten die Metropole im Ausnahmezustand …

Unsere Korrespondententätigkeit führte uns in manch entlegene Winkel des Landes. Wo es unglaubliche Entdeckungen zu machen gab, wie etwa das Volk der *Gullah*. Das sind Nachfahren der Sklaven aus Westafrika, die auf der abgeschiedenen Inselwelt vor South Carolina und Georgia afrikanische Sprache und Lebensart beibehielten. Oberhaupt der Gullah ist eine gewählte Königin. Doch unterm Strich waren es weder die abenteuerlichen Exkursionen noch die skurrilen Begegnungen, die uns Amerika näher gebracht haben.

Die wirklich spannenden und erhellenden Reisen, die man als Korrespondent in den USA machen kann, führen nicht nach Miami Beach, Las Vegas, Nashville oder Santa Fe. Sie führen nach *Suburbia*. Die authentischsten Reportagen über Amerika sind in den Vororten und Kleinstädten entstanden, jenseits der untypischen Ostküsten-Metropolen. Hier leben *Jane* und *John Doe*, so der US-Begriff für Otto-Normalamerikaner.

Gerade auf diesen Entdeckungsreisen ins Alltägliche entstand bei mir der Eindruck, es gäbe Reservate, die von der amerikanischen Kulturindustrie respektiert und daher auch nicht betreten werden. Das beste Beispiel sind die Religiosität und ihre immense Bedeutung für die meisten Amerikaner. Das war für mich eine der größten Überraschungen: Wie wichtig das Spirituelle für das Volk ist, das gemeinhin als das materialistischste auf Erden gilt. Und das zu Recht: Das Faszinierende ist, wie geschmeidig und selbstverständlich Amerikaner Materialismus, Besitzstreben und Standesbewusstsein mit ihrer tiefen Religiosität verbinden. Und die existiert auf der gesamten Bandbreite von rührenden Nachbarschaftsgemeinden bis hin zu den industrialisierten *Mega-Churches*, die im Mittleren Westen rasanten Zulauf haben. Kennen Sie einen Hollywood-Film, der Religion als amerikanisches Massenphänomen thematisiert?

In Europa sehen gerade die Kirchen die Bush-Politik kritisch: seine Militärbegeisterung; die scheinbare Leichtfertigkeit, mit der er Soldaten in den Krieg schickt; seine umweltpolitische Ignoranz; sein Desinteresse an abweichenden Meinungen im Rest der Welt. Seine offen zur Schau getragene Religiosität wirkt unecht, gekünstelt, inszeniert. Weil man Religion in Europa als Privatsache betrachtet. Vor allem aber, weil man bestimmte gesellschaftliche und politische Handlungsweisen damit verbindet. In Amerika jedoch sind Religiosität und Patriotismus, Glaube und Besitzstreben kein Widerspruch. Und deshalb gehen Menschen auf einmal zur Wahl, wenn es um Schwulenehe, die Würde des Präsidentenamtes, Abtreibung und die Kirchgang-Gewohnheiten von Spitzenpolitikern geht. Menschen, die Krieg, Bürgerrechte, Folterskandale und die Aushöhlung des Rechtsstaates nicht an die Urne bringen würden. Diese Menschen haben wenig Vertrauen in die Gestaltungskraft der Washingtoner Politik. Aber sie haben eine genaue Vorstellung davon, welche moralischen Voraussetzungen Amerikas Überleben als Wertegemeinschaft benötigt. Diese Menschen entscheiden Präsidentschaftswahlen. In Hollywood-Filmen begegnet man ihnen nie.

Geradezu ikonenhaft präsentieren sich uns die amerikanischen Superlative. Die spektakulären Naturschönheiten: Der Grand Canyon, die Florida Keys, die Nationalparks von Yosemite bis Yellowstone. Die gewaltigen Bauwerke: das Empire State Building in New York, der Sears Tower in Chicago, die Golden Gate Bridge in San Francisco. Und doch spielen die im Leben der meisten Amerikaner kaum eine Rolle. Amerikanisches Alltagsleben ist auf den ersten Blick erschreckend facettenlos und einförmig. Von Ost nach West sehen sämtliche Shopping Malls gleich aus. Die identischen Ladenketten finden sich überall im Land: WalMart, Sears, Staples, Home Depot, Radio Shack, Banana Republic, Gap, Barnes and Noble. Entsprechend überschaubar ist das Warenangebot. Restaurants finden sich gerade in den unzähligen Kleinstädten nur in den Malls am Stadtrand. Die schließen wochentags um 21 Uhr. Man kann sie nur mit dem Auto erreichen. Dafür ist der Parkplatz garantiert, und die Fußwege sind kurz: Niemand kommt ins Schwitzen, bevor er den klimatisierten Speisesaal erreicht. Böse Zungen sagen, dass sich so der amerikanische Hurra-Patriotismus erklärt: Zu ertragen seien Eintönigkeit und Gleichförmigkeit des US-Alltagslebens nur, indem man es künstlich überhöht. Indem man sich zur Norm erklärt, an der sich alle Welt orientiert, entledigt man sich der Anstrengung, Vergleiche mit anderen zu ziehen. Nur 40 Prozent aller US-Senatoren besitzen einen Reisepass. Sprich: Waren schon einmal im Ausland.

Amerikaner sind es gewohnt, dass alle sein wollen wie sie. Immer noch müssen die Zuwandererströme aus aller Welt kontingentiert werden. Sonst hielte auch das klassischste aller Einwanderungsländer dem drohenden Ansturm nicht stand. Und die, die kommen, kommen in der festen Hoffnung auf ein besseres Leben. Und wer den Erfolg will, der passt sich an. So erklärt sich, dass kulturelles Erbe und Traditionen in den USA zumeist nur als bunte Folklore weiterleben, etwa beim Zelebrieren von Nationalfeiertagen und auf bizarren Paraden. Dass andere Kulturen anders funktionieren, andere Wertmaßstäbe haben, andere Umgangsformen, können sich viele Amerikaner nicht vorstellen. Die Neuankömmlinge, *Americans by Choice*, sind überangepasst. Legionen ebenso Anpassungswilliger stehen bereits vor der Tür. Und die Welt ist süchtig nach Popkultur made in USA – über Madonna, Harrison Ford und Miami Vice kann man sich überall auf der Welt austauschen. Darum kommen Amerikanern auch keine Zweifel, wenn ihre politische Elite sie glauben macht, das irakische Volk werde ihre einmarschierenden Truppen als Befreier feiern, die endlich Demokratie und Freiheit amerikanischen Stils bringen.

Amerikaner missverstehen die Welt, weil ihre Popkultur sie täuscht. Und wir missverstehen die Amerikaner, weil deren Popkultur uns täuscht. Es ist schwer zu begreifen, warum Popkultur einige zentrale Aspekte amerikanischen Alltagslebens und amerikanischer Kultur so systematisch ausspart. Die Gründe sind vielschichtig, etwa in einem unausgesprochenen *Live-and-let-live*-Abkommen begründet. Hin und wieder kommt es zu Konflikten; etwa wenn Janet Jackson beim Super Bowl ihre Brust entblößt oder wenn die Dixie Chicks *Bush-bashing* betreiben. Bezeichnender als die Ursache ist an dieser Stelle die Wirkung: Es gibt zentrale Aspekte des American Way of Life, die Europäern weitgehend unbekannt sind.

Die englische Sprache allein reicht nicht, um sich in Amerika zu orientieren. Der intensive Konsum amerikanischer Popkultur bereitet nur unzureichend vor auf wirkliche Entdeckungsreisen ins Land der unbegrenzten Möglichkeiten. Eva Males Kompendium des Alltagslebens jedoch gibt Ihnen eine Orientierungshilfe an die Hand. Mithilfe der Beobachtungen und Alltagsphänomene, die sie zusammengetragen und zu literarischen Miniaturen verdichtet hat, lässt sich manche kulturelle Kluft überwinden. Lesen Sie, und staunen Sie. Und wenn bei Ihrer nächsten Amerika-Reise im Handgepäck nur Platz für ein Buch ist: Wählen Sie dieses!

Sebastian Hesse
Berlin, im August 2006

Sebastian Hesse war von 2000 bis 2005 USA-Korrespondent des ARD-Hörfunks. Heute ist er Leiter des MDR-Büros im ARD-Hauptstadtstudio in Berlin. Im Stroemfeld Verlag ist sein Amerika-Buch »Jenseits der Sterne« erschienen.

Vorbemerkung der Autorin

Das Versprechen, Amerika »all inclusive« zu präsentieren, kann praktisch kaum eingelöst werden. Das Land ist so vielfältig, bunt – und grenzenlos, auch was den Versuch einer Beschreibung anbelangt. Eine never-ending Story. Wenn ich nur aufhören könnt'! Das Bild wird zwangsläufig unvollständig sein.

Mit Amerika sind in diesem Buch gemäß dem üblichen, nicht ganz korrekten Sprachgebrauch immer die USA gemeint. Es liegt in der Natur der Sache, dass die Sichtweise der Autorin, die vier Jahre in der Hauptstadt gelebt hat, ein wenig Washington-zentriert ist – trotz aller Versuche, über den → **Beltway** hinauszublicken, jene Autobahn, die den District of Columbia fest umschließt.

Neben Sachinformationen und – als solchen extra gekennzeichneten – Tipps für Amerika-Reisende stehen vor allem Alltagsbeobachtungen und subjektive Eindrücke im Vordergrund. Dinge, die man als Tourist nicht sofort wahrnimmt. Die Extreme in einem höchst widersprüchlichen Land. In erster Linie zum Kreuz- und Querlesen gedacht, ganz nach Belieben.

Es ist ein sehr subjektives Buch, nicht immer politisch korrekt. In Anlehnung an die üblichen Filmclips in amerikanischen Zei-

tungen, mittels derer die Zuseher schonend darauf vorbereitet werden, was sie erwartet, könnte man sagen: *contains milder sexual situations; profanity; toilet humor; underage drinking, some obscenity and a momentary drug reference – and, oh yes, nudity.*
Trotzdem würde ich es durchaus als jugendfrei bezeichnen!

Danken möchte ich zunächst einmal meiner Arbeitgeberin, der »Presse«: Hätte sie mich nicht als Korrespondentin in die USA geschickt, hätte ich niemals die Chance gehabt, dieses wunderbare Land so gut kennenzulernen (einzelne Passagen in diesem Buch basieren auf Artikeln, die zwischen 1999 und 2003 in der »Presse« erschienen sind). Außerdem meinen Kollegen und insbesondere meinem Ressortchef Christian Ultsch: Indem sie mich in den vergangenen Monaten bei der täglichen Arbeit so sehr entlastet haben, wurde die Entstehung dieses Buches überhaupt erst möglich. Nicht zuletzt meiner Familie – insbesondere meinem Sohn Matthias, der sich gemeinsam mit mir dem amerikanischen Abenteuer gestellt hat – und diversen FreundInnen, unter ihnen an vorderster Front zwei Vronis und eine Susanne, die mich unterstützt und während der intensiven Schreibphasen liebevoll bekocht haben. Mein → **Fiancé** hat mir leider verboten, ihn namentlich zu erwähnen …

Eva Male
Wien, im August 2006

Auf nach Amerika

Herbst 1999 – »Mordhauptstadt Washington. Protokolle alltäglicher Gewalt – und der Ohnmacht, etwas dagegen zu tun.« Ein netter Kollege – wohlweislich anonym – hat mir das Büchlein auf den Schreibtisch gelegt, mitsamt der hineingekritzelten Aufforderung: »Pass auf dich auf!«

Gerade ist mitten im Übersiedlungsstress auch noch die Katze ent- und damit das Fass übergelaufen, wohl, weil sie spürte, dass sie in ein neues Zuhause muss. In unserem Appartementhaus sind nämlich keine Tiere erlaubt – und außerdem würde dem schwarzen Kater auf Grund seines politisch unkorrekten Namens, »Mohrli«, wohl ohnehin die Einreise in die USA verwehrt.

Um Gottes willen, hatte die Mietmanagerin Nancy gesagt und mit ihren pinklackierten Nägeln auf den Tisch getrommelt, eine Katze? Nancy sieht aus, als wäre sie direkt der Fernsehserie »Reich und schön« entstiegen, und liebt es, wenn alles *nice and neat* aussieht. Haustiere passen nicht in dieses Bild.

»Lass dich nicht totschießen«, tönt es von überall. Danke, ihr seid alle so aufmunternd. »Hast du schon einen Selbstverteidigungskurs gemacht?« Jeder bewundert unseren Mut. Welchen Mut? Wir gehen ja nicht in den Urwald. »Die bringen dich sofort um«, prognostiziert auch Exkollegin D., bekannt für positives Denken. Sie wähnt mich bald unter der Erde statt in Übersee.

»Wir werden euch soooo vermissen« – es tut gut, das zu hören, aber wir sind ja nicht tot, nur *abroad*. »Ihr bleibt sicher drüben« – die anderen wissen es immer besser. »Du wirst mir fehlen wie die tägliche frische Unterhose«, sagt die beste Freundin. Es lebe der treffende Vergleich. Was für ein erfrischendes Gefühl, als Unterhose in Übersee zu sein! Besser jedenfalls, als erschossen zu werden. »Wird man dich dann auch im Fernsehen sehen?« Zigmal ist diese Frage zu hören. Erstaunlich, die »Presse« ist doch bekanntlich ein Printmedium. Nein, gebe ich genervt zurück, »es sei denn, ich werde erschossen und Freund Eugen berichtet im Fernsehen darüber«.

»Es gibt auch liebe Neger«, zirpt Großtante Grete. Wie beruhigend. »Es gibt auch liebe ...« wird in der Folge zum geflügelten, politisch höchst unkorrekten Wort. Oft werden wir später auch ironisch den Satz einer Freundin (Feindin?) zitieren: »Washington ist die hässlichste Stadt der Welt.« Etwa wenn es bis in den Spätherbst wohlig warm ist und sich die Blätter so prachtvoll verfärben. Wenn wir mit offenem Cabrio, einem echt amerikanischen Schlitten, die Stadt erkunden. Was allerdings auch stimmt: Wenn die Lebensqualität einer Stadt so besonders hochgelobt wird, heißt das meistens, dass sie mehr Qualität bietet denn Lebendigkeit.

»Da musst du zu Mittag immer joggen gehen, das machen dort alle«, weiß Freundin M. Und tatsächlich: Die Washingtonians frönen ihrer Lieblingsbeschäftigung auch bei der ärgsten Hitze, zur heißesten Stunde des Tages. Mitten in der Stadt, vor dem Kapitol, auf der Mall. Und wer nicht joggt, betreibt Powerwalking, bewegt sich also in eckig-forschen Schritten vorwärts. Unter uns gesagt hasse ich Joggen. »Du wirst im Nu einen fetten Hintern haben, das ist immer so bei der amerikanischen Kost«, erklärt denn auch feinfühlig Kollegin C. Feiner formuliert in Anwesenheit des Chefredakteurs: »Das schlägt sich aufs Gesäß.«

Letzterem wiederum geht es eher um die geistige Nahrung. »Lesen, lesen, lesen«, raunt er der Redakteurin zu, die sich auf den verantwortungsvollen Korrespondentenposten gründlich vorbereiten soll. »Lesen, lesen, lesen«, äffen die Kollegen nach. Also verschlingt man statt Burgern und Pommes frites alle Bücher, die einem in die Hände fallen, buntgemischt. (Außer jenem eingangs erwähnten, das sich dann erst an Ort und Stelle der Sohn vornehmen wird, um hierauf bei jeder noch so kleinen Verspätung der Mutter zu glauben, sie sei erschossen worden.)

In den Träumen fließt dann alles ineinander, die zahlreichen Ausschüsse und Unterausschüsse des Kongresses mit den verschiedenen Hühnerarten, die die Zuckmayers in Vermont nach der Emigration gezüchtet haben. Und plötzlich richtet ein »lieber Neger« ein Gewehr auf mich ... Grässlich. Großtante Grete, zu Hilfe!

Ein letztes Büchlein findet sich erst nach unserer Ankunft in Washington in jenem Koffer, den uns die Schwägerin geliehen hat. Ein kleines, bisher unentdecktes Geburtstagspäckchen. »Schade, dass du nicht tot bist«, heißt der Krimi von Rita Mae Brown. Nur der positiver formulierte Originaltitel spendet Trost: »Wish you were here«.

Wir sind zwar mittlerweile abroad, aber noch immer nicht tot. Der Abschied war schwergefallen, einmal noch durch die Wiener Innenstadt flaniert, einmal noch mit dem Kollegen Hofer im J-Wagen gefahren ... Ein großer Bahnhof war das am Flughafen Wien bei der Abreise gewesen, nur schwer entschlüpft man schließlich dem Schoß der Familie. *See you later, alligator. In a while, crocodile.* Ja, es werden noch viele Krokodilstränen vergossen werden ...

»Kinder, ich glaub, ihr habt's zu viele Nabelschnüre«, diagnostiziert die englische Tante, die bravste Briefschreiberin von allen, die vor Jahrzehnten der Familie in Wien den Rücken gekehrt hat. Langsam freilich weicht das Heimweh, die neue Welt wird allmählich vertraut. Mutters Marillenknödel fehlen zwar noch immer, aber Tante Sieglindes Strudel ist auch nicht zu verachten. Die »Ersatzmutter« aus Baltimore, weitschichtig verwandt, spendet Süßes, Rat und Trost.

Die österreichische Gemeinschaft nimmt die Neuankömmlinge herzlich auf – chauffiert, invitiert, installiert (Computerprogramme und Ähnliches). Und klärt uns auf, dass wir das Gebiet östlich der 16. Straße meiden sollen. Man fühlt sich sicher, geborgen. Nur als mir jemand im Vorbeifahren eine »hervorragende Klinik für Schussverletzungen« zeigt, wird mir leicht mulmig.

Freund Eugen hilft beim Autokauf, bringt Schwarzbrot vorbei und hat überhaupt jede Menge Geheimtipps auf Lager. Selbst mit dem Professor für *international law* sprechen wir nicht über selbiges, sondern darüber, wo man am besten Kleiderbügel kauft. Hochgeistiges hat am Anfang keinen Platz.

Auch in einem Land, in dem angeblich alles so einfach ist, machen zunächst die banalsten Dinge Probleme. Papierkram, wo man hinkommt – plötzlich erscheint sogar Österreich unbürokratisch. Am Telefon muss man tausend Tasten drücken und Tonbänder hören, bis man endlich eine Person aus Fleisch und Blut um eine Information bitten kann. Und der Amerikaner spricht ja nicht gerade überdeutlich.

Das Büro will eingerichtet, der Kabelsalat entwirrt werden. Der Drucker druckt plötzlich wirr Hieroglyphen, und wie, bitte, setzt man die neue Patrone ein? Welches ist die günstigste Möglichkeit, nach Österreich zu telefonieren, und wie findet man sich im Dschungel der Krankenversicherungen zurecht? Wie *long* ist ein *long distance call*, welche Vorwahl muss man wann wählen?

Nicht alles ist logisch. Am wenigsten das Bankwesen, das eigentlich eher ein Unwesen ist, reichlich kompliziert. Und ab jetzt ist man mit Scheckschreiben beschäftigt, weil man in diesem fortschrittlichen Land keine Überweisungen kennt.

In Wirklichkeit muss man froh sein, dass man überhaupt so mir nichts dir nichts ein Konto eröffnen durfte, bloß mit Pass und Empfehlungsschreiben der Firma. Schließlich hat man noch keine so genannte *credit-history*. Einen Trick, um eine solche vorweisen zu können, erfahre ich nebenbei von einem Bekannten: Man kaufe einfach einen Toaster auf Raten.

Alle sind freundlicher, als unsereins das gewohnt ist. Aber auch nicht immer. Es kann passieren, dass einem am Telefon jemand nach einem zuckersüßen *»Have a nice day«* den Hörer hinknallt, weil man nach der dritten Erklärung noch immer nicht verstanden hat, wie man zu einem Internet-Zugang kommt. *Downloaden* und *upgraden* und weiß der Teufel was noch. Hallo, hallo, wir dachten, Unfreundlichkeit gibt es hier nicht!

Auch die Artikel schwirren nicht vom ersten Tag an so leichtfüßig über den Atlantik, wie Leser vielleicht annehmen. Die Technik ist ein Hund – selbst in einem Haus, in dem keine Tiere erlaubt sind. Nebenbei bemerkt: Die Artikel entstehen auch nicht im Handumdrehen. Wir haben noch keine Möbel, lesen in der Hocke Zeitung, raufen um den einen, kleinen Computertisch.

Die Sachen aus Wien lassen auf sich warten, obwohl der Spediteur versprochen hatte, er werde sie so schnell wie möglich »rüberwichsen« (sic!). Er müsse nur vorher noch rasch das entsprechende Fax »durchwichsen« und könne zu der Ladung sogar noch eine Kiste Wein »dazuwichsen«. Wer würde angesichts solcher Ankündigungen nicht erwarten, dass alles glatt geht?

Über den großen Teich wichst es sich aber anscheinend nicht so schnell. »Manchmal gehen solche Ladungen überhaupt verloren«, machen uns liebe Bekannte Mut. Und so können wir nur immer wieder den amerikanischen Partner des Spediteurs, die Firma Knopf, löchern, wie lange es wohl noch dauern wird.

Aber warum beklagen wir uns? Viel schlechter erging es schließlich dem armen Botschaftsangehörigen, mit dessen Transport unsere Sachen in einem gemeinsamen Container unterwegs waren. Er bekam seinen Hochzeitsanzug nicht rechtzeitig – wie unangenehm. Dafür enthielt die Ladung, einmal angekommen, schwarze Spitzenunterwäsche, die – mysteriöserweise – auch mir nicht gehört.

Vorläufig müssen wir also mit zwei Korbsesseln von der Heilsarmee, ein paar Ikea-Couchtischerln (ohne Couch) und einer Matratze das Auslangen finden. Dazu kommen etwas Besteck und dreieinhalb Teller. Der halbe, den wir versehrt im Koffer vorgefunden hatten (die andere Hälfte war zerschellt), ist uns übrigens ans Herz gewachsen und wird immer noch benützt. Alle Elektrogeräte müssen neu besorgt werden und nicht nur diese. Wir haben es sogar geschafft, irrtümlich einen Dosenöffner für Linkshänder zu kaufen. Auch das gibt es.

So leer unsere Wohnung ist, so sehr lässt sich's überall sonst aus dem Vollen schöpfen. Im Supermarkt etwa darf/muss man jeweils aus einer unüberschaubaren Menge auswählen. Zig Orangensaftmarken stehen da nebeneinander, nicht zehn Käsesorten, sondern Hunderte. Wie die Kuh vorm Tor steht man vor dem Regal, auf der Suche nach Semmelbröseln etwa.

»*It's the law*« – das dürfte einer der Lieblings(grund)sätze der Amerikaner sein. *Be cautious*, heißt es überall, irgendein Boden ist immer *slippery*, die Angst vor Klagen schwingt allerorten mit.

Aber immerhin, wir haben mittlerweile ein Auto. Ohne einen Wagen ist man völlig verloren. Die U-Bahn führt zwar den Touristen zu diversen Sehenswürdigkeiten, nicht aber den »Zuagrasten« zu Ämtern, Supermärkten und in die *residential areas*, wo die neuen Freunde wohnen.

Wie man mit dem Bus zur Schule komme? Die Dame am anderen Ende der Leitung glaubt, ihren Ohren nicht zu trauen, und kann natürlich keine Auskunft geben. Auch eine Recherche bei den öffentlichen Verkehrsmitteln bringt die falsche Information, wie sich erst später herausstellt, als ein Bus die Mutter auf ihrem Weg zum Elternabend irgendwo *in the middle of nowhere* ausspuckt. Dunkle Gestalten in der Dämmerung, ein Wolkenbruch, mehrspurige Straßen – und keine Schule weit und breit. Hitchcock lässt grüßen. Hätte nicht eine Leidensgenossin, also eine zufällig vorbeifahrende Mutter, die Verzweifelte an der Tankstelle aufgepickt – wer weiß, was passiert wäre.

Aus Deborah, einer schwarzen Gospelsängerin und Single-Mom von fünf Töchtern, wird übrigens eine gute Freundin. Sie ist eine von vielen, die den Neulingen helfen, sich in der neuen Umgebung zurechtzufinden.

Alles ist riesig. Wer ein kleines Auto sucht, wird ein großes Wunder erleben – es ist eben alles relativ. Mit Wattestäbchen sind wir bis an unser Lebensende versorgt – es gibt keine kleine Packung. Der kleinste Kaffee bei *Starbucks* heißt *tall*, und wer bei *McDonald's* unvorsichtig ein großes Cola bestellt, bekommt es mit einem kübelgroßen Becher zu tun. Eine kleine Pizza trägt bezeichnenderweise das Attribut *individual*, die »reguläre« hängt kilometer-, pardon meilenweit rundum über den Rand des ebenfalls großen Tellers.

Apropos Meilen: *Yards, Feet, Inches* – ständig muss man umrechnen. Wie viel Liter umfasst eine *Gallone*, und bei wie viel Grad Fahrenheit gehört der Kuchen ins Rohr? Für den amerikanischen Führerschein lernen wir, wie viel Feet vom Hydranten entfernt man parken darf und so weiter. Und zahllose Zahlen muss man sich merken: die *social security number*, den Bankomatcode, die Kontonummer ... bis man die eigene Wiener Telefonnummer vergisst.

Österreich rückt in die Ferne, wird immer kleiner. Tatsächlich glauben ja die meisten, dass man aus »Australia« kommt. Nur der Telefonmechaniker kennt das Land, *»where Adolf was born«*. Auch nicht viel angenehmer. In die amerikanischen Zeitungen verirren sich nur Jörg Haider, Lipizzaner sowie die Wiener Philharmoniker. Ein Journalist der *New York Times* mit dem passenden Namen »Oestreich« berichtet aus *»Seewalchen Amattersee«* von der *»gemutlich laxness«* des Ensembles, während Demonstranten in New York mit Flugblättern dessen Rassismus und Sexismus kritisieren – unter der Überschrift *Testosterone is not an instrument*.

Abgesehen davon sind die österreichischen Tagesthemen weit weg. Die Familie, die Freunde fehlen, trotz E-Mail; auch vom

Partner gibt's nur Fernwärme und Air-Bussis. Neue Bekanntschaften werden über drei Ecken geschlossen, Telefonnummern von Freundesfreunden, die wir im Gepäck mitgebracht haben, aufs Geratewohl gewählt.

»Ich bin eine Freundin von Theresa, die seinerzeit bei deiner Tante in New York gelebt hat, erinnerst du dich?« Man kann nicht aus dem Vollen schöpfen wie in Wien, aber bald ergibt sich hier ein Lunch und dort ein gemeinsamer Kinobesuch.

Washington ist nicht Wien, das ist wahr, und schon gar nicht die heimelige Josefstadt. Man braucht nicht bloß einmal umzufallen und sitzt schon im nächsten Kaffeehaus. Überhaupt, Kaffee ist eine eigene, leidige Geschichte.

Aber auch in Washington gibt es eine Turnlehrerin, die die anstrengendsten Übungen für *fun* hält und verlangt, dass man bei der Plagerei auch noch *smilen* soll. Nur heißt sie Bette statt Inge und spricht nicht Tirolerisch. Auch hier versucht man dem Herrn von gegenüber auszuweichen, weil er – obwohl nett – so schrecklich gesprächig ist.

Auch hier gibt es eine Blumenfrau, die einen freundlich begrüßt, einen Flohmarkt am Wochenende. Dass es jeden interessiert, wie es uns heute geht (*how are you today?*), tut wohl – auch wenn die Anteilnahme nur oberflächlich ist. Die Anrede mit dem Vornamen, wie sie hier gang und gäbe ist, hat was für sich. Und das unkomplizierte *you* macht vieles leichter.

Aus Wien ruft Freundin V. an, um zu berichten, dass der Weiberabend »auch ohne dich sehr gemütlich war«. Und Kollegin C. mailt, sie habe eine Freundin gefunden, die »genauso nett ist wie du«. Von wegen »vermissen«!

B. hat schon recht gehabt, als sie mir vor der Abreise die »Abschiedssymphonie« von Haydn schenkte. Irgendwann sitzt man ganz allein auf der Bühne, muss solo spielen. Aber, wie B. tröstend hinzufügte, am Schluss finden die Musiker wieder zusammen.

»Reisen will gelernt sein«, schreibt Paul Watzlawick in seiner *Gebrauchsanweisung für Amerika* (Epilog, S. 157, Piper Verlag).

»Die Kunst des Aufenthalts in der Fremde wird selten im Vaterhaus erlernt – im Gegenteil, die Lehren des Vaterhauses führen im späteren Leben meist nur zum Biertisch. Und Muttersprache, Mutterlaut, wie wonnesam, so traut ... Wer daheim bleibt, hat – mit etwas Glück – Bier und Wonne. Wer reist, erfährt zweierlei: erstens, dass die Heimat eine Wirklichkeit ist, aber bei Gott nicht die Wirklichkeit; dass die Fremde in ihrer Weise genauso wirklich ist und von Menschen bewohnt, die ihrerseits glauben, ihre Wirklichkeit sei die Wirklichkeit. Und zweitens, damit eng zusammenhängend, dass erst von der Fremde her die eigene Wirklichkeit überhaupt erfassbar wird.«

A

Air-Condition

Es summt und brummt. Wie ein Hornissenschwarm auf Betriebsausflug. Ein ständiges Nebengeräusch, das Besuchern sofort unangenehm auffällt. Die Amerikaner hingegen nehmen es längst nicht mehr wahr. Das Lärmen der Klimaanlage gehört zum Alltag wie das Dröhnen von Automotoren, Föhnsausen oder Kühlschranksurren. Was ist schon ein bisschen Geräusch gegen den wohltemperierten Komfort?

»Nimm dir auf keinen Fall eine Wohnung oder ein Auto ohne Klimaanlage!«, warnt man die Europäerin vor ihrem Umzug nach Washington. Ist das wirklich notwendig?, zweifelt sie. Gemeinhin bedenkt man ja nicht, dass die amerikanische Hauptstadt sehr weit südlich liegt – etwa auf dem selben Breitengrad wie Lissabon. Herbst und Frühling sind traumhaft lau, aber die Hitze im Sommer brütend.

Wehe dem, der keine *Air-Condition* hat! Undenkbar. In den heißen Monaten setzt man möglichst selten den Fuß ins Freie. Mögen andere grillen – wir chillen! Mit dem Lift in die Garage, dann im gekühlten Auto davon gebraust, auf dem Parkplatz einen Flecken gesucht, der möglichst nahe beim Eingang ist – und nichts wie hinein ins Museum, ins Bürogebäude oder ins Einkaufszentrum!

Vor allem die Supermärkte sind üblicherweise eiskalt. Da darf man mit der Tiefkühlware solidarisch mitfrieren. Eine der ersten Lektionen, die man in den warmen Zonen der USA lernt: Nicht ohne meine Jacke. Gleiches gilt für abendliches Ausgehen ins Restaurant oder ins Kino. Wer nicht zum Eiszapfen erstarren will, muss sich entsprechend ausrüsten.

Übrigens nicht nur im Hochsommer. Da die Amerikaner gern übertreiben, läuft die Klimaanlage häufig selbst dann auf Hochtouren, wenn es gar nicht heiß ist. Offensichtlich aus Gewohnheit. Energiesparen? Ein Fremdwort. Auch im Auto wird beim kurzfristigen Anhalten aus Prinzip weder der Motor noch die Klimaanlage ausgeschaltet. Europäischer »Einspruch« ist da nur selten von Erfolg gekrönt.

Unvorstellbar, wie die Amerikaner vor der Erfindung der *Air-Condition* gelebt haben. Dabei hatten sie sich erst nach anfänglichem Widerwillen für die Kühlsysteme erwärmen können, die im Sommer 2002 ihren 100. Geburtstag feierten. Die erste Klimaanlage war im Sommer 1902 in einer Druckerei in Brooklyn installiert worden; andere »hitzige« Betriebe wie Bäckereien oder Textilfabriken folgten. Konstante »Luftbedingungen« waren für sie besonders wichtig – daher der Name *Air-Condition*. Erst allmählich folgten private Haushalte – heute sind 80 Prozent von ihnen klimatisiert; 1950 war es erst ein Prozent

Die anfänglichen Vorbehalte – Präsident Franklin Roosevelt etwa war ein erklärter Gegner – hatten unter anderem mit vermeintlicher Verweichlichung zu tun, die man durch die Zuhilfenahme der Maschine eingestehen würde. Auch mit sozialen Ritualen wie fröhlichem Ferientreiben, dem Tragen von heller Kleidung und Auf-der-Veranda-Sitzen. Es gibt schließlich auch Menschen, die im Winter keine Erdbeeren essen wollen. Alles zu seiner Zeit, je nach Saison. Vor allem die privilegierten Amerikaner, die nicht arbeitenderweise in der Hitze schmoren mussten, wollten nicht auf das Vergnügen verzichten, in der Sommerhitze zu braten – freiwillig wohlgemerkt.

Bald zeigten sich freilich die Vorteile der *Air-Condition*. Bei extremen Temperaturen mussten Angestellte und Arbeiter nicht mehr nach Hause geschickt werden, die Produktivität stieg. Die Annehmlichkeiten überwogen schnell die Antipathien. Vor allem im Süden und Südwesten der Vereinigten Staaten besserten sich die Lebensbedingungen durch die Verbreitung der Klimaanlage rapide, der Bevölkerungsschwund konnte in der zweiten Hälfte des 20. Jahrhunderts gestoppt, in manchen Gebieten gar »umgekehrt« werden.

Heute ist ganz Amerika *cool*. Vorbei die Zeiten, als der Schriftsteller Henry Miller das Land in einem gleichnamigen Buch als *»Air-conditioned Nightmare«* bezeichnete. Wenn heute jemand die USA als »Alptraum« empfindet, dann hat das wohl kaum mit der allgegenwärtigen Klimaanlage zu tun.

aka & andere Abkürzungen

Überall in den USA ist man mit Abkürzungen und vereinfachten Kurzformen, wie etwa *drive-thru* statt *drive-through*, *2night* statt *tonight* oder *cu* statt *see you* konfrontiert. Im Folgenden – zur besseren Orientierung im Abkürzungsdschungel – die gängigsten von ihnen:

AAA: American Automobile Association
aka: also known as
ASAP: as soon as possible
BLT: Sandwich mit bacon, lettuce, tomatoes
BYO(B): bring your own (bottle); Restaurants ohne Alkohollizenz fordern dazu auf, die eigene Flasche mitzubringen.
CWD: Collision Waiver Damage (freiwillige Versicherung für selbstverschuldete Schäden am Mietwagen)
DST: Daylight saving time, entspricht unserer Sommerzeit

DUI: driving under the influence – und zwar unter dem Einfluss von Alkohol oder Drogen. Ein großes No-No!

RSVP: répondez s'il-vous-plaît. In anglizierter Form auf Einladungskarten, quasi als doppelter Imperativ: RSVP please!

YMCA: Young Men's Christian Association. Diverse Programme und Angebote, häufig Sportgelegenheiten und Übernachtungsmöglichkeiten.

4WD: Four Wheel Drive – Auto mit Vierradantrieb

24/7: 24 Stunden am Tag, sieben Tage die Woche

Alkohol

Mit dem Alkohol ist es in Amerika so eine Sache. Wer kennt sie nicht, jene hellbraunen, henkellosen Papiersäcke, in denen die Amerikaner Hochprozentiges transportieren. Und wie so oft: Je versteckter man zu agieren versucht, umso auffälliger wirkt es. Jeder weiß, was sich in den Papiersäcken befindet; welch kostbares Gut die Leute da an sich drücken.

Während man in unseren Breitengraden den Alkohol ganz einfach im Supermarkt kauft, ist dies in Amerika nur in seltenen Ausnahmefällen möglich. Normalerweise muss man eigens einen *Liquor Store* aufsuchen, wo die Auswahl dann aber umso größer ist. Wie ein *Junkie* mag sich der Kunde fühlen, wenn er in das einschlägige Geschäft schleicht, wo er sich, falls er nicht augenscheinlich überwuzelt ist, ausweisen muss.

Denn unter 21 läuft gar nichts. Jugendliche können heiraten oder Waffen kaufen – aber mit ihren Eltern auf den, sagen wir, 18. Geburtstag oder den Schulabschluss anstoßen, das ist verboten. Von Rechts wegen sogar in den eigenen vier Wänden. Dass dieses Verbot, vor allem in Abwesenheit der Eltern, gern umgangen wird, steht auf einem anderen Blatt. Vorhänge zu – und los geht's. Und erst die Partys auf dem College: Da gibt es Alkoholleichen sonder Zahl.

Ebenso gang und gäbe ist die Anschaffung einer *Fake ID*, im Klartext: eines gefälschten Ausweises, auf dem das Alter ein bisschen »geschönt« wird. »Hast du schon deine *Fake ID*«?, fragt die Nachbarin ganz locker den 19-jährigen Sohn, als ob das die normalste Sache der Welt wäre. Wie eine Monatskarte für die U-Bahn.

Als wir seinen 16. Geburtstag in einem Washingtoner Lokal gefeiert hatten – wir waren erst seit wenigen Wochen in den USA – hatte ich lässig eine Flasche Sekt bestellt. Der Kellner, den ich augenzwinkernd einweihte, schenkte dem Burschen ein und befahl: *»Drink fast!«* Schenkte nach: »Trink schnell!« Damit es nur ja niemand bemerken würde. Dies wiederholte sich, bis die Flasche leer war. Und die Mutter hatte sich mit einem bescheidenen Gläschen begnügen müssen …

Underage-drinking kommt in den besten Familien vor. Als vor einiger Zeit sogar die Töchter des Präsidenten dabei erwischt wurden, gab es natürlich große Aufregung und knallige Schlagzeilen. In Europa hielt man die Sache für ein schweres Delikt. In Amerika freilich weiß jeder, dass es alle tun. Nur darf man sich eben nicht erwischen lassen.

Umgekehrt erscheinen Erwachsene, die strikt keinen Alkohol trinken, den Amerikanern verdächtig. Dass er einfach nicht schmeckt, ist unvorstellbar. Wahrscheinlich hat die »allzu« abstinente Person früher einmal ein Alkoholproblem gehabt, wird da hinter vorgehaltener Hand gemunkelt, und dürfe jetzt wohl keinen Tropfen mehr anrühren …

Alkohol in Amerika – ein Fass mit Doppelboden. Da sitzen wir etwa in Los Angeles, mitten in Hollywood, in einem schicken Restaurant. Genaugenommen nicht *in*, sondern *vor* dem Lokal im Gastgarten. Hier darf man sogar rauchen, obwohl wir uns im strengen Kalifornien befinden. Aber Wein? *Sorry*, ist auf der Straße nicht erlaubt.

Er werde uns Kamillentee bringen, verspricht der Kellner verschwörerisch. Kamillentee? Tatsächlich – schon werden zwei Tassen mit hellgelber Flüssigkeit serviert. Nicht gerade das, was man sich im Urlaub zu einem guten Essen wünscht. Sieht nach Urinprobe aus. Aber keine Bange: Bei dem vermeintlichen *camomile tea* handelt es sich in Wirklichkeit um Weißwein. Dass das richtige Glas den Weingeschmack unterstreicht, davon konnten wir beim Genuss des Weines aus den Teeschalen nur träumen. Erinnert das nicht ein bisschen an die braunen Papiersäcke?

→ **ID**

Antique(s)

Wienerin, wohnhaft Washington. Um die häusliche Umgebung gemütlich zu gestalten, haben wir ein paar Möbelstücke und etwas Grundausstattung mitgenommen. Man braucht schließlich ein bisschen heimisches Flair. *Basics* wie etwa einen Biedermeierkasten oder Silberbesteck. Und zwar echtes – nicht das, was die Amerikaner euphemistisch *silverware* nennen, nämlich hundsordinäre Metallware.

Ein bisschen meschugge, werden Sie vielleicht denken, ziemlich übertrieben, derlei Dinge über den Atlantik zu zerren (oder zu wichsen; → **Prolog**). Aber Sie sollten erst einmal sehen, was die Diplomaten so mitnehmen! Man will schließlich repräsentieren. Und die Amerikaner lieben – zumindest in dieser Hinsicht – alles, was aus *good old Europe* kommt.

China zum Beispiel, also feines Porzellan, alte Bilder, antike Möbel. »*Wow! It's antiiiique!*« Fragt sich nur, ob die Antiquitäten gern reisen: Unser Biedermeierkasten jedenfalls verzog sich auf der Schiffspassage so sehr, dass man ihn anschließend nicht mehr aufsperren konnte. Der Spediteur schickte einen Schlüsseldienst, aber der Mann war hoffnungslos überfordert. »*It's antiiiique!*«, rief er aus, in einer Mischung aus Ehrfurcht und Entrüstung. Wie kann man ihm so etwas zumuten? Da musste ein Spezialist für Antiquitäten her, der das Problem letztendlich auch löste.

Antik ist in den USA bald einmal etwas. Logisch, die Neue Welt blickt schließlich auf eine viel kürzere Geschichte zurück als die Alte. Folglich werden auf Flohmärkten und in Antiquitätenläden Objekte angepriesen (und entsprechend ausgepreist), die man hierzulande als reinen Ramsch abtun würde. Auch Stilmöbel jüngeren Datums gelten als *»antiiiique«*.

Bei Besichtigungen alter Landsitze, selbst solcher von Präsidenten, werden die Besucher angehalten, jeden mickrigen Kerzenleuchter oder bemalten Nachttopf zu bewundern. Da kann unsereins nur milde lächeln. Ja, es ist arrogant. Aber wir sind nun mal mit Kulturgütern verwöhnt.

Unser Silberbesteck haben wir übrigens in all den Jahren nicht ausgepackt, geschweige denn benützt. Viel zu mühsam. Silberputzen und so. Bei größeren Einladungen sind wir sogar flugs auf Pappteller und Plastikbesteck umgestiegen. Weil's halt wirklich so praktisch ist!

Apple Pie

As american as apple pie, heißt es, durch und durch amerikanisch. Im vollen Wortlaut: *as american as motherhood and apple pie*. Der Spruch muss als Metapher verstanden werden, denn beides haben die Amerikaner natürlich nicht erfunden. Aber hier geht es nicht um geografischen Ursprung, sondern um amerikanisches Lebensgefühl. Jährlich wird am 23. Jänner der *National Pie Day* begangen, und generell lässt sich das *American Pie Council* nicht lumpen: Festivals und Back-Wettkämpfe werden veranstaltet, Newsletters verschickt, die *Pie-Times* gedruckt. Ehrlich gesagt: Ein bisschen übertrieben erscheint sie schon, die Besessenheit der Amerikaner mit ihrer *Pie*. Als ob es die beste Süßspeise der Welt wäre! Unsereins ist natürlich verwöhnt – etwa von Apfelstrudel, der im amerikanischen Lexikon immerhin als *Austrian pie-like dish* bezeichnet wird – und versteht kaum, wie man sich dermaßen auf dieses kreisrunde Ding fixieren kann, das eine ganze Nation eint.

Im Grunde ist es nichts anderes als ein Mürbteig, gefüllt mit Früchten, klassischerweise Apfel, oder *Custard* – einer Puddingcreme – oder beidem. Zubereitet in einer Art Quiche-Form, serviert in *wedges*, keilförmigen (Torten-)Stücken. Auf eine *pie* kommen keine Kerzen, sie ist nicht *for celebration*, sondern *for contemplation*, schreibt die *Washington Post*. Und weiter: Kuchen sind für Kinder, *pies* für Eltern, Kuchen krümeln, *Pies* zittern. Im besten Fall selbstgemacht *(made from scratch)*, mit gekauftem Teig (ev. bereits in Form einer *pie shell*) oder überhaupt fix und fertig aus dem Tiefkühlregal im Supermarkt. Rund 800 Millionen Dollar werden in den USA jährlich mit *frozen desserts* umgesetzt.

Es gibt regionale wie saisonale Unterschiede und Präferenzen, wie *Pumpkin* (Kürbis), *pecan* (Pekannuss) oder die im Süden übliche *key lime pie* (mein persönlicher Favorit). Allem Fitness-Fanatismus zum Trotz erfreut sich Pie in den USA ungebrochener Beliebtheit.

Die Herkunft des Wortes wird (volks-)etymologisch übrigens wie folgt erklärt: von *magpie*, Elster. Jenem Vogel also, der buntgemischte Ingredienzien für sein Nest zusammenpickt. Genauso ist es mit einer *pie*: Man kann praktisch alles hinein tun.

Armee

Die US-Streitkräfte sind den meisten anderen turmhoch überlegen und nach aktiver Mannstärke die zweitgrößten der Welt nach China und vor Indien. Kein Wunder: Der Wehretat verschlingt jährlich rund 400 Milliarden Dollar – das ist gut die Hälfte der (offiziellen) weltweiten Rüstungsausgaben –, und wurde seit dem Ende des Kalten Krieges kaum reduziert.

Das Zauberwort ist die absolut hoch entwickelte Militärtechnik – der Hauptgrund für die Überlegenheit und Effizienz des US-Militärs, der die internationalen Kollegen in Uniform mit Neid erfüllt.

Oberbefehlshaber des US-Militärs ist *Mr. President himself*. Es besteht aus etwa 1,4 Millionen Soldaten (mit schnell verfügbaren Reserven mindestens 2 Millionen), die die militärische Laufbahn als Berufssoldaten oder freiwillige Reservisten einschlagen.

Oft sind es Angehörige von Minderheiten oder finanziell benachteiligten Schichten, die sich durch eine Karriere beim Militär auch ihre Ausbildung finanzieren. Seit 1973 sind auch Frauen zugelassen.

In den vergangenen Jahren gab es einen enormen Schub punkto Computerisierung des Gefechtsfeldes, sodass heute Abstandswaffen und Fernaufklärung der US-Armee einen schier uneinholbaren Vorsprung verschaffen. Die meisten amerikanischen Verbände sind zur Gänze digitalisiert, Aufklärung und Kampftruppen sind elektronisch vernetzt. Das heißt in der Praxis, dass etwa Panzerkommandanten nicht unbedingt mit dem Feldstecher nach dem Feind Ausschau halten müssen, sondern per Bildschirm recht präzise Darstellungen der taktischen Lage auf dem Gefechtsfeld erhalten und Luft- und Artillerieunterstützung anfordern können.

Generell ist es für die US-Verbände heute viel einfacher, einander gegenseitig um Unterstützung zu ersuchen. Zur Aufklärung auf dem Gefechtsfeld werden auch Drohnen (*UAV, Unmanned Aerial Vehicles*) eingesetzt, sozusagen »fliegende Monitore«. An der Front sind Personen dazu abgestellt, Aufklärungsdaten anzufordern. Die Computerisierung erstreckt sich bis zur untersten Zugsebene der Infanterie, obwohl es da natürlich in der Praxis aufgrund der Volatilität der Gefechtslage schwieriger wird, vor allem im Ortskampf *(urban warfare)*. Trotz »punktgenauer« und elektronisch unterstützter Kriegsführung sind jedenfalls nicht alle Risiken vorhersehbar beziehungsweise ausschaltbar.

Die technologische Perfektion der US-Streitkräfte ist freilich weniger überraschend, wenn man sich die Summen vor Augen führt, die in die Verteidigung gesteckt werden. Die USA geben dafür rund 750.000 Dollar pro Minute aus. Von den Ausgaben profitiert natürlich – und vor allem – die Rüstungsindustrie.

Ein Sechstel des US-Militärbudgets fließt in die Forschung. Die Schwerpunkte sind dabei Aufklärung und Transformation, also die Modernisierung der Streitkräfte, die ohnedies die modernsten der Welt sind – der Abstand zu den übrigen Ländern wird sich noch weiter vergrößern. Der aktuelle Trend ist die Entwicklung eines kombinierten Kampfsystems für die Zukunft *(future combat system)*, das den Einsatz leichterer, schnellerer und letalerer Waffen ermöglicht.

So sollen etwa die herkömmlichen, samt Infanterie und Unterstützungseinheiten rund 20.000 Mann starken Panzerdivisionen mit ihren schweren M1-Abrams-Tanks, die für eine Auseinandersetzung gegen die Armeen des Warschauer Paktes konzipiert waren, durch kleinere, leichter verlegbare »Stryker«-Brigaden (Stärke je etwa 5000 Mann) ersetzt werden, deren leichte, achträdrige »Stryker«-Panzer fast gleichen Schutz und vergleichbare Feuerwirkung wie die Abrams-Tanks bieten.

Die Reform der US-Streitkräfte ist ein *work in progress*. Die Idee einer beweglicheren, leichteren Armee mit kleineren Einheiten kommt allerdings bei altgedienten Militärs und hochrangigen Pentagon-Mitarbeitern nicht so gut an. Ohnehin ist in der Praxis eine Generalüberholung des Militärs nicht so einfach. Fast ein Drittel des Budgets wird für Pensionen, Krankenversicherung und Löhne verwendet. Und schließlich ist die Entwicklung von »Wunderwaffen« nicht nur kostspielig, sondern auch langwierig. Der Präsident kann nämlich die Ausgaben nur dann im Rahmen halten, wenn im Gegenzug zum Kauf neuer Waffen alte ausgemustert werden. Dies erfordert freilich häufig unpopuläre Entscheidungen.

Kritiker meinen, die hohen Verteidigungskosten würden die Frage aufwerfen, warum man heute mehr ausgebe, dafür aber weniger bekomme. Neue Waffen lassen auf sich warten, alte müssen weiterverwendet werden. Noch gehören die Wehrdinosaurier nicht der Vergangenheit an.

B

Barbecue

Grillen ist eine der beliebtesten Freizeitbeschäftigungen der Amerikaner. Im weitesten Sinn steht der *barbecue*, abgekürzt *BBQ*, für jede Art von lockerem Zusammentreffen im Freien, bei dem es Unmengen von Essen gibt. Dass dabei gegrillt wird, gehört einfach dazu. Ob ganze Tiere auf dem Spieß oder einzelne Fleischstücke – einerlei. Obwohl genau genommen nur ersteres ein echter *BBQ* ist und letzteres *grilling*, werden die Ausdrücke meist synonym verwendet.

Barbecue kann das Fleisch bezeichnen, den Koch oder die Party selbst. Einen langen amerikanischen Sommer über wird gemeinhein so viel gegrillt, dass einem am Ende die Spieße schon zum Hals heraus stehen.

Zu der Frage, woher sich der Name *barbecue* ableitet, gibt es verschiedene Volksetymologien. Er stamme von *barbacoa* ab, besagt eine, was »Feldofen« bedeutet und vom indigenen Volk der Taino komme. Die andere Erklärung führt die Herkunft auf das Französische zurück: *de la barbe au cul* heißt soviel wie »vom Bart beziehungsweise der Schnauze bis zum Schwanz/Hinterteil« – so wird der Spieß durch das Tier gebohrt. Aber so genau wollen wir es uns gar nicht vorstellen …

Bed & Breakfast

Eines vorweg: *B&Bs* sind nicht billig, wie man vielleicht annehmen mag. Ihr Preis ist eher mit dem gehobener Mittelklasse-Hotels zu vergleichen. Was ihren Reiz ausmacht: Jede *Bed-&-Breakfast*-Pension ist anders. Meistens handelt es sich um Privathäuser, häufig unter Denkmalschutz und liebevoll (bis kitschig) restauriert, in denen auch die Besitzer wohnen. Diese Quartiere liegen oft in historischen Distrikten, sind meist sehr persönlich und bieten nur einige wenige Zimmer an.

Tipp! Wer es weniger anonym will, sollte unbedingt einmal in einem *B&B* logieren. Er kann davon ausgehen, dort ein buntes Völkchen kennen zu lernen – Besitzer wie andere Gäste. Gelegentlich passiert es sogar, dass alle an einem Tisch essen, was immer sehr nett ist, zumal in Gegenden, in die sich hauptsächlich »einheimische« amerikanische Touristen verirren.

Beltway

Was interessiert uns denn eine Autobahn?, mögen die Leser und Leserinnen fragen. Ein Gürtel? Haben wir selber auch, zum Beispiel in Wien. Der *Beltway* ist allerdings eine besondere Autobahn: Zehnspurig, Ende der fünfziger Jahre in die Landschaft gefurcht, umschließt er die amerikanische Hauptstadt – ein dicker Wall, der Washington vom Rest des Landes trennt. Welten liegen dazwischen. Nicht nur optisch-geografisch. »Beltway-grau« werden die Hauptstadtpolitiker gern von den Medien genannt. Man wirft ihnen immer wieder spöttisch ihre *Inside-the-beltway*-Mentalität vor. Eine Mischung aus parteipolitisch-verfilzt, technokratisch, arrogant, weit weg von der amerikanischen Realität und den wahren Sorgen der Menschen. Der Blick der Politiker reiche über den Stadtrand nicht hinaus. Die Entscheidungen, die »Washington« treffe, so die vielfache Kritik, gingen an der Realität im Lande vorbei. Der *Beltway* gilt somit als Symbol für die Trennlinie zwischen den amerikanischen »Normal«-Bürgern und jenen, die im Zentrum der Macht die Fäden ziehen.

Wenn in den Medien, in Privatgesprächen vom *Beltway* die Rede ist, von *inside* und *outside* desselben, dann ist immer Washington gemeint. Wo nicht nur der Präsident im Weißen Haus, sondern auch die Kongressmitglieder hoch oben auf dem Capitol Hill und die Mitarbeiter der Ministerien in den monumentalen Bauten die Geschicke der USA bestimmen. Des Landes *outside.*

Außerdem prägen Lobbyisten, Angehörige der Weltbank und des Internationalen Währungsfonds, Diplomaten und nicht zuletzt (amerikanische) Touristen das Geschehen in der Hauptstadt. Viele Ausländer und zahlreiche aus allen Teilen der USA Zugewanderte tummeln sich hier. Dass man gebürtige Washingtonians trifft, ist die Ausnahme. → **Lobbying**

Washington – eine Stadt für gewisse Jahre. Danach verlassen sie die meisten wieder. Andere kommen und nehmen an ihrer Stelle die *Inside-the-beltway*-Mentalität an. Ein Vorwurf, der übrigens auch gegen ausländische Korrespondenten gerichtet ist: Wer in Washington festklebt, sich nur selten aus der Hauptstadt hinaus bequemt, lernt nur einen Ausschnitt des Landes kennen. Und transportiert folglich auch nur einen Teil der amerikanischen Wirklichkeit.

Andererseits gilt für Touristen: Man muss Washington gesehen haben. Sonst ist das Amerika-Bild unvollständig. → **D.C.**

Bildung

So heterogen die USA sind, so heterogen sind auch die Schulen und deren Erfolge. Wer sich eine Privatschule leisten kann oder eine öffentliche Schule in einer wohlhabenden Gegend mit niedriger Kriminalitätsrate besucht, hat Glück. Dort, wo die Leute viel Steuer zahlen, sind die Schulen gut, in armen *neighborhoods* mies. Und man muss die öffentliche Schule in jenem Sprengel besuchen, in dem man wohnt.

Universitäten und Colleges sind ohnehin in privater Hand und mit hohen Kosten verbunden, wenn man nicht ein Stipendium ergattert. Es ist völlig normal, dass von Kindheit an für die Hochschulbildung des Sprösslings gespart wird, beziehungsweise dass Erwachsene nach dem Studium jahrelang die ausgeliehenen Gebühren zurückzahlen. Tipp! So mancher Universitätscampus ist wegen seiner einzigartigen Architektur, Kunstsammlungen oder Bibliotheken einen Besuch wert, etwa Harvard, Yale, Princeton, Charlottesville oder Stanford.

Schon bei den Schulen sind weniger gut situierte Familien ärmer dran. Weiterhin haben Schwarze und Latinos einen klaren Nachteil gegenüber weißen US-Schülern. So liegen neunjährige Schwarze beim Lesen um 16 Prozentpunkte hinter Weißen, Hispanics um 13. Ein Viertel der männlichen schwarzen Schüler in großen Städten wird in Sonderschulklassen eingestuft. Nur drei Prozent der Studenten an Top-Colleges kommen aus dem ärmsten Viertel der Bevölkerung. Studien zeigen, dass es für Kinder aus schlechter situierten Familien in vielen europäischen Ländern leichter ist, gesellschaftlich aufzusteigen, als in den USA.

Etwa ein Fünftel der amerikanischen Schüler bricht die Highschool ab, ohne einen Abschluss gemacht zu haben. Damit liegen die USA in einer OECD-Studie an 23. Stelle. Die Schüler mit Highschool-Abschluss wiederum landeten bei internationalen Tests in Mathematik und Physik an vor- beziehungsweise letzter Stelle. Und ein Drittel der College-Inskribenten braucht Nachhilfe in Lesen, Schreiben oder Mathematik, bevor besagte Studenten die regulären Lehrveranstaltungen besuchen können. Die Leistungen verbessern sich zwar, aber nur langsam. Nicht zuletzt gelten US-Schulen als unsicher, auch wenn die Gewalt de facto in den vergangenen Jahren zurückgegangen ist.

Von den 53 Millionen Schulkindern in den USA besuchen 90 Prozent öffentliche Schulen. Traditionsgemäß fällt das öffentliche Schulwesen in den USA in lokale Kompetenzen: Die 15.000 Schulbezirke bestimmten Lehrpläne und Tests lange Zeit selbstständig; das Ergebnis war ein Stückwerk, das viele Probleme in sich barg.

Präsident Bush junior war mit einem ehrgeizigen Programm angetreten, zumal eine Schulreform auf der Wunschliste der Wähler ganz oben stand. Mehr Geld, einheitliche Qualitätsstandards, bessere Lehrerausbildung, regelmäßige Tests in Mathematik und Lesen. Der Slogan *No Child Left Behind* wurde vom Präsidenten stark strapaziert: Kein Kind sollte benachteiligt werden. In der Praxis führten jedoch die tatsächliche Steuerpolitik und Budgetkürzungen zur schlimmsten Krise des öffentlichen Schulsystems seit den siebziger Jahren. Im Jahr 2005 gab es Kürzungen der Bildungsausgaben in Höhe von 1,4 Milliarden Dollar. Letztendlich läuft Bushs Bildungspolitik auf eine weitere Privatisierung des Schulsystems hinaus.

Das ursprüngliche Ziel war es, gewisse Mindeststandards zu garantieren. Den Bundesstaaten mehr Flexibilität einzuräumen, sie zugleich aber auch in stärkerem Maß für die Ergebnisse zur Verantwortung zu ziehen. Eine gewisse Vereinheitlichung erschiene sinnvoll, denn für die Schüler ist es ausgesprochen schwierig, wenn sie bei der Übersiedlung in einen anderen Bundesstaat mit einem völlig anderen Lehrplan konfrontiert sind. Das Fehlen halbwegs einheitlicher nationaler Standards hatte de facto zu minimalen Erwartungen an die Schüler geführt.

Zugleich ist es ein empfindliches Gleichgewicht, wie Bildungsexperten zu bedenken geben, weil Zentralisierung und Standardisierung der lokalen Flexibilität zuwiderlaufen könnten. Die Angst vor zuviel Kontrolle durch Washington ist – wie auch in vielen anderen Bereichen – groß. → Beltway

Ein großes Problem ist auch der Lehrermangel: In den nächsten zehn Jahren werden zusätzliche zwei Millionen Lehrer gebraucht werden (und 6000 neue Schulen). Seit 1940 sind die Lehrergehälter im Vergleich zu Berufen mit vergleichbarer Ausbildung stetig gesunken. Das Anfangsgehalt eines Lehrers in New York liegt bei etwa 25.000 Dollar im Jahr, ein Computerfachmann verdient rund 40.000. Freilich gibt es auch bei der Bezahlung national große Unterschiede.

Zusätzlich beeinflussen andere Faktoren die Mobilität von Lehrern: Wenn ein Lehrer bestehende Pensionsansprüche oder Gehaltsaufbesserungen verliert, übersiedelt er nicht gern in einen anderen Bundesstaat. So steht einem Lehrerüberschuss im Nordwesten und Nordosten ein Mangel im Süden und Westen gegenüber. »Unser Land ist viel fähiger, flächendeckend Cornflakes in den Regalen zu verteilen«, erklärt ein Pädagoge, »als sicherzustellen, dass in jedem Klassenzimmer ein qualifizierter Lehrer vorhanden ist.«

Infolge des Lehrermangels werden häufig unqualifizierte Kräfte angestellt oder ehemalige Lehrer aus der Pension zurückgeholt. Die Experten sind sich einig: Der Beruf braucht ein besseres Image, bessere Bezahlung; Anreize für die Lehrer müssen geschaffen werden.

In armen Gebieten wechseln die Schüler aufgrund der Obdach- oder Arbeitslosigkeit der Eltern unzählige Male die Schule. Sie können niemals im Unterricht Fuß fassen, es entsteht keine Klassengemeinschaft, auch das Lehrpersonal hält die unerfreulichen Umstände oft nicht lang aus. Diese Instabilität vergiftet die Atmosphäre und schmälert deutlich die Leistungen.

Dass so viele amerikanische Jugendliche neben der Schule arbeiten, tut das Übrige. Fünf Millionen der Unter-18-Jährigen haben Nebenjobs, Studien zeigen, dass die Schulerfolge darunter leiden, vor allem wenn die Jobs 20 Stunden wöchentlich überschreiten.

Dennoch gibt es auch Gutes über das US-Schulsystem zu sagen: Die Schüler werden ernst genommen und gefördert; positive Verstärkung und Motivation stehen im Vordergrund. Automatisches Wissen und stures Einüben sind weniger wichtig als Kreativität, frühe Schreib- und »Forschungs«-Erfahrungen sowie Diskussionsfreudigkeit. Schon die Jüngsten führen *science*-Projekte durch, *field-trips*, also Lehrausgänge, gehören viel stärker zum Schulalltag als bei uns.

C

Car

In der Heimat gehöre ich zur raren Spezies der Nicht-Autobesitzer. Wohnhaft mitten in der Stadt, wo es mehr als genug öffentliche Verkehrsmittel und viel zu wenige Parkplätze gibt, komme ich sehr gut ohne eigenes Auto aus. Zumal ich aggressive Raser hasse. Straßen-Stress? Nein danke.

In Amerika kommt man mit dieser Haltung natürlich nicht weit, von New York einmal abgesehen. Wer ohne Auto ist, hat ein massives Handicap. Selbst wenn man in Washington nahe der U-Bahn wohnt, tut man sich schwer. Denn die meisten Bekannten sind mit Öffis kaum zu erreichen. Das Umland lässt sich ohnehin ausschließlich per fahrbarem Untersatz erkunden, der Zug ist teuer und nur für gängige Strecken à la Washington–New York praktisch. Vor allem Einkaufen ohne Auto – unvorstellbar! Wer zu Fuß mit einem Einkaufskorb unterwegs ist, erregt Aufmerksamkeit.

Nolens volens mache ich mich also auf die Suche nach einem Wagen. Was Kleines bitte, gebraucht. Klein gibt es nicht. Oder sagen wir: Die so genannten *compact cars* sind höchst selten. Was Amerikaner klein nennen, ist für uns groß: beispielsweise der *Chrysler Le Baron*, für den ich mich schließlich entscheide. Er ist ein echter Kavalier, der Baron. In elegantem Schwarz, ein

Convertible, sprich Cabrio. Eigentlich viel zu flott für mich. Aber wir gewöhnen uns schnell aneinander und geben nach Aussagen unserer Umgebung ein schickes Paar ab.

Autofahren in Amerika ist ein Genuss. Es herrscht deutlich weniger Aggression, die mehrspurigen Straßen machen hektische Überholmanöver überflüssig, die Leute halten sich im Großen und Ganzen an die Geschwindigkeitsbeschränkungen. Man fährt nicht, man gleitet. Stellt auf der *Cruise control*, dem Tempomaten, die gewünschte Geschwindigkeit ein und lässt die Landschaft gemächlich an sich vorüberziehen. Entdeckung der Langsamkeit auf amerikanisch. Geschaltet muss ohnehin nicht werden, da die meisten Autos eine Automatik haben. Einfach herrlich! Auch mit dem Parken ist es üblicherweise eine Freude. Riesige Parkplätze. Da braucht man kein Geschick, sich in enge Lücken zu zwängen. Die großen amerikanischen Schlitten, *Pickup-Trucks, SUVs (Sport Utility Vehicles)* – für alle reicht der Platz.

Auch für Touristen ist ein Auto ein Muss. Nur so kann man Amerika richtig er-fahren. *Car rental* stellt nirgends ein Problem dar, die Abwicklung funktioniert reibungslos. Ich für meinen Teil mietete mir übrigens schon für den ersten Sommer in der Heimat noch von Washington aus ein Auto. Nicht ohne Klimaanlage, versteht sich. Wie sollte ich denn ohne Wagen überleben? So schnell ändert man seine Gewohnheiten … **Tipp!**

→ Air-Condition, → Führerschein, → Quer durch Amerika

Catch 22

Sie kennen die Situation: Wie man's macht, ist's falsch. Der Mensch befindet sich in einer Zwickmühle und hat keine Möglichkeit, einen richtigen Zug zu machen. Im Amerikanischen spricht man von einem *Catch 22*. Ein Dilemma oder eine Art Kausalitätsproblem, wie etwa auch die Frage, was zuerst da war:

die Henne oder das Ei. Der Ausdruck geht auf den gleichnamigen satirischen Roman von Joseph Heller aus dem Jahr 1961 zurück, Anti-Kriegstext und Bürokratie-Kritik. Prompt fand *Catch 22* Eingang in den allgemeinen Sprachgebrauch und wurde im Jahr 1970 von Mike Nichols verfilmt.

Eine US-Band nannte sich *Catch 22*, die schwedische Band *Hypocrisy* gab einem ihrer Alben diesen Namen, der nicht nur ein Eye-Catcher ist, sondern außerdem auch eine Anomalie auf Chromosom 22 bezeichnet. *CATCH* steht hier für die Symptome *Cardiac anomaly, Abnormal face, Thymus hypoplasia, Cleft palate, Hypocalcaemia*. Aber das klingt nun wirklich allzu wissenschaftlich – und höchst unerfreulich …

Cheerleader

Um Sport kommt man in den USA nicht herum. Aktiv wie passiv. Sport ist die liebste Freizeitbeschäftigung der Amerikaner und spielt gesellschaftlich eine wichtige Rolle. Wer länger in Amerika lebt, beginnt zwangsläufig, mehr Sport zu betreiben, um »dazuzugehören«. Weniger aufwändig und ebenso geeignet, damit man mitreden kann, ist der Besuch diverser Matches, vor allem von Ballspielen. *Take me out to the ball game*, Sie wissen schon. Baseball, American Football, Basketball, Soccer, Lacrosse – *you name it*.

Erwarten Sie jetzt bitte nicht, dass ich Ihnen die Regeln von Baseball erkläre. Ich erkenne den Sport an den großen Handschuhen, den Fängern, Werfern und Schlägern. Das ist es dann aber auch schon. Für sowas gibt es Fachbücher. Aber auch ohne besondere Regelkenntnis ist jedes Match ein Erlebnis.

Allein das Drumherum. Erst die Nationalhymne: Mit einem Schlag verstummt das fröhliche Gelärme, und alle – selbst die albernsten *American Boys*, die uns, die europäischen Freunde, im Schlepptau haben – legen ehrfürchtig die Hand auf die Brust. Dann die Cheerleader: Die haben es uns angetan! In knalligen Kostümen hopsen sie kunstvoll auf dem Spielfeld herum und schwingen ihre Pompons. Ihre Aufgabe besteht darin, die eigene Mannschaft anzufeuern und das Publikum zu animieren (*lead & cheer*).

Was kaum bekannt ist: Cheerleading war ursprünglich ein reiner Männersport; erst im 20. Jahrhundert wurden Frauen zugelassen. Gern würden wir auch heute noch öfter männliche Wesen in knapper Bekleidung vor unserer Nase herumtanzen sehen. Wussten Sie eigentlich, dass Präsident Bush junior sich einst für die Yale University als Cheerleader *betätigte*?
Es handelt sich um einen nicht zu unterschätzenden Sport, bestehend aus Turn-, Tanz- und akrobatischen Elementen. Aus mehreren Hebefiguren (*Stunts*) können Pyramiden von bis zu vier Körperlängen gebaut werden. Da gibt es raffinierte Sprünge, Cheerleader werden meterhoch in die Luft geworfen – und hoffentlich wieder aufgefangen. Armbewegungen, Bodenturnen etc. Dazu Sprechgesänge und Anfeuerungsrufe.
Von den jeweiligen Spielen habe ich übrigens immer nur wenig mitgekriegt. Ich war viel zu fasziniert von der »Rahmenhandlung«: *Cheerleadern*, Maskottchen, Publikum, der aufgeheizten Stimmung im Stadion, dem raschelnden Popcorn und Co. Da kann man richtig süchtig nach Sportereignissen werden …

→ **Fitness**, → **Jogging**

Cherry Blossom

Tipp!

Auf kaum etwas ist Washington so stolz wie auf die jährliche Kirschblüte. Egal, wie die USA gerade in der internationalen Gunst stehen: Die Kirschblüte ist ein Touristenmagnet. Und lockt nebenbei auch die eigenen Landsleute in die Hauptstadt.

Im Jahr 1912 hatte Japan der Stadt Washington 3000 Kirschbäume als ein Zeichen der Freundschaft geschenkt. Seither wachsen mehr als 3700 Kirschbäume in neun verschiedenen Arten um das *Tidal Basin*, das Washington Monument und das Weiße Haus.

Die einzige Schwierigkeit für jene, die extra zur Kirschblüte anreisen wollen, liegt im Timing. Wann genau ist es soweit, wann wird der Höhepunkt erreicht sein? Diese Frage stellt man sich alle Jahre wieder, und die Meteorologen geben ihre Tipps ab: irgendwann zwischen Mitte März und Mitte April. Ein Zeitraum, der erst allmählich enger eingegrenzt werden kann, je näher das sehnlich erwartete »Großereignis« rückt. Doch schon hat die *Washington Post* den Countdown begonnen: Noch x Tage bis zur Kirschblüte.

Tatsächlich ist die Kirschblüte ein wunderschöner Anblick. Die Hauptstadt zeigt sich in ein zartes Rosa getaucht – als ob die sanfte Abendstimmung nicht enden wollte. Störend wirken höchstens die Scharen von Schaulustigen, die die *Mall* bevölkern und rund ums *Tidal Basin* pilgern.

Tipp!

Da hilft nur eines: In aller Herrgottsfrühe aufstehen, mit Kaffee in der Thermoskanne und Broten im Körbchen. Ein Picknick in der Morgendämmerung auf den Stufen des Jefferson Memorial ist unschlagbar und bleibt – zur Zeit der Kirschblüte genossen – unvergesslich. Die Kamera freut sich über das morgendliche Licht sowieso.

Oder man weicht den Menschenmassen anders aus. Es muss nämlich gar nicht das Stadtzentrum sein: In Kenwood etwa, einem Vorort im Nordwesten Washingtons, blühen reihenweise Kirschbäume in einem gehobenen Wohnviertel, hier strahlend weiß. Am besten ist man zu Fuß unterwegs, da sich die Autos der Kirschblüten-Fans gelegentlich stauen. Das hier ist kein Touristen-Kitsch, sondern ganz normaler Alltag. Ein Bächlein rieselt idyllisch, und am Straßenrand verkaufen Kinder Limonade. Auf der größeren Straße, etwas abseits, bieten Jugendliche per Pappkartonschild an, für fünf Dollar Autos zu waschen.

Nach ein paar Tagen ist der Zauber leider wieder vorbei. Aber gerade in Washington muss man sich keine Sorgen machen. In diesem herrlichen Klima werden bald Flieder, Rhododendren und Oleander blühen …

Closet

Eine Wohnung mit vier Klosetts? So was von Luxus! Wie sollen wir das zu zweit denn jemals ausnützen? Aufgeregt sitzen wir über dem Grundriss unseres neuen Domizils. Erst vor Ort wird die Bildungslücke offenbar: Ein *Closet* ist kein Klosett, sondern ein Abstellraum, eine begehbare Garderobe. Und diese werden in amerikanischen Wohnungen und Häusern großzügig eingeplant. Da braucht der Mensch eigentlich gar keinen Kasten mehr.

I'm cleaning out my closet, singt der amerikanische Rapper Eminem. Das bedeutet somit nicht »Ich hol' die Scheiße aus dem Klo«, wie es eine deutschsprachige Jugendzeitschrift übersetzte und mehrere Englischlehrer behaupteten. Es heißt einfach, weniger pikant: Ich räume mein *Closet* auf, miste aus.

Was natürlich schwierig ist. Denn die zahllosen Abstellräume laden förmlich dazu ein, dass man alles (ungeordnet) hinein wirft und – quasi ohne es zu merken – zum Sammler wird. Auch das ist eine sehr typisch amerikanische Eigenart, wenn auch keine exklusive. Nur ein → **Yard-/Garage-Sale** kann da Abhilfe schaffen.

Aber zurück zum »richtigen« Klosett. Die Amerikaner nennen es Restroom oder Bathroom, obwohl man sich dort kaum ausruht und schon gar nicht badet. Und wenn es um die Anzahl der Badezimmer in einer Wohnung geht, läuft ein Klo mit Waschbecken hochtrabend unter *Half bath*.

In den USA geht man nicht aufs Klo, nicht auf die Toilette, sondern man benützt verschämt den *bathroom*. Besonders Feine »pudern sich die Nase«. An der Sache selbst ändert dies freilich nichts. Verdauung bleibt Verdauung. Und verstopft ist verstopft. Für letzteres sind amerikanische Klos übrigens besonders anfällig. Wie peinlich war es, als wir anfangs immer den Haustechniker unseres Apartmentgebäudes holen mussten, damit er das tue, was Eminem – siehe eingangs – nicht meint.

Bis wir uns schließlich jenes Gerät anschafften, dessen Bezeichnung uns schon auf Deutsch nie einfällt – eine, ähh, Saugglocke. In den USA ein überlebenswichtiges Wort also, auf Englisch: *Plunger*. Bleibt natürlich zu hoffen, dass Sie erst gar nicht in diese unangenehme Situation kommen. Präventive »Zwischenspülungen« helfen, das Schlimmste zu verhindern.

Coupons

Bei unserer Nachbarin Anna liegt die Schere immer griffbereit. Ebenso ihre riesigen Biene-Maja-Lesebrillen. Denn kaum hat die alte Dame die Zeitungen des Tages bekommen, macht sie sich schon ans Schnipseln. *Coupons* (nachdrücklich auf der ersten Silbe zu betonen!) sind ihr Lebenselixier. Zehn Cent Ermäßigung auf die nächste Zahnpastatube, ein Müsliriegel gratis, beim Kauf einer Familienpackung, eine Probe des neuesten Düngemittels – Anna schneidet alles aus, was einen Rabatt verspricht. Und sei er noch so minimal. Vor allem die Wochenendblätter enthalten seitenweise *Coupons*. Stundenlang kann man sich damit beschäftigen. Die Zettelchen nach Produkten und Geschäften ordnen und stapeln. Bis der nächste Schwung Zeitungen geliefert wird und die »Arbeit« von Neuem beginnt. Eine *never-ending story*.

Natürlich kann man die Kupons theoretisch irgendwann einlösen. Vorausgesetzt, dass man sie im richtigen Moment dabei hat und die vergünstigten Produkte auch wirklich braucht. Ehrlich gesagt: Wir glauben kaum, dass Anna noch Zahnpasta verwendet – und die Müsliriegel würden sich wohl im falschen Gebiss verfangen. Auch braucht der Gummibaum keinen Dünger. Aber darum geht es gar nicht. Anna ist ohnehin gut situiert. Auf die paar Cents kommt es nicht an. Es ist vielmehr ein Hobby, Kupons auszuschneiden und zu sammeln. Ein Hobby, das sich bei vielen Amerikanern zur Besessenheit ausgewachsen hat.

Cowboy

In jedem – zumindest männlichen – Amerikaner scheint irgendwo ein Cowboy zu schlummern. Die Bubenträume von der Prärie, von Pferden und Lasso-Schwingen schlagen sich zumindest modisch nieder. Selbst US-Präsidenten präsentieren sich ja gern in Cowboyhut und -stiefeln, wenn sie sich auch nur ein bisschen leger geben wollen.

All das nährt im Ausland das Klischee vom breitbeinig, O-haxig auftretenden »Kuhbuben«, der ein unverständliches Amerikanisch knödelt, sich derb benimmt und mit geistigen Gaben nicht übermäßig gesegnet ist – eine Assoziation, die zuletzt mit US-Präsident Bush junior stark strapaziert wurde. Warum aber, fragt man sich, muss das eigentlich zwingend der Fall sein, warum ist der Cowboy – bei aller Coolness und vermeintlichen Romantik, die ihm gleichzeitig zugesprochen wird – so negativ besetzt?

Der »Wilde Westen« gilt eben als wild. Da wird laut herumgeballert, da werden rohe Sitten gepflegt. Dieses Bild machen wir uns im »Osten«, auf der anderen Seite des Atlantiks, genährt durch den Konsum von Generationen von Western, und halten beharrlich daran fest. Vor allem tun dies jene, die nie vor Ort waren und ihr Wissen nur aus zweiter Hand haben. Ein bisschen à la Karl May. Das Klischee des Cowboys bleibt unverändert, wenngleich sich auch sein Leben den modernen Gegebenheiten angepasst hat und in erster Linie aus harter Arbeit besteht. Obwohl der Cowboy eine amerikanische Ikone ist, war er eigentlich im Mittelalter von den Spaniern erfunden worden, die ihn im 16. Jahrhundert in die Neue Welt brachten. Ihre Hoch-Zeit begann nach 1865, als riesige wilde Rinderherden in Texas zusammengetrieben wurden. Dabei waren viele Afroamerikaner im Einsatz, die nun zwar von der Sklaverei befreit, aber ohne Besitz und Arbeit waren. In der Folge verbreitete sich die Cowboy-Kultur auch nach Norden und Westen. Ranches schossen aus dem Boden, und da es immer weniger galt, wildes Vieh zusammen- und in andere Gebiete zu treiben, wurden Cowboys zusehends sesshaft.

Ab den 1930er und -40er Jahren wurde der Lifestyle der Cowboys (und auch Cowgirls) durch Westernfilme populär gemacht, zugleich aber auch stereotypisiert; häufig wurden sie mit Revolverhelden gleichgesetzt. Die nostalgische, verklärte Version des Cowboy-Lebens bedingte eine Kleidermode, die bis heute aktuell und von der Tätigkeit oft völlig losgelöst ist. Die markantesten Accessoires: Hut und Stiefel. Entsprechend seinem Image ist der Cowboy männlich, hart und wild beziehungsweise – bei abfälliger Sichtweise – proletarisch machohaft.

Ein Feind- oder Leitbild, mit dem man in jedem Fall (ironisch) spielen kann. Von Film, Mode über Country-Musik und Comics bis hin zur Werbung. Von einem echten (?) Cowboy dargeboten, wirken sogar Zigaretten attraktiv, sonst in den USA rundum verpönt.

Wie viele Cowboys heute in den USA »aktiv« sind, ist nicht bekannt. Von der Statistik werden sie nicht extra erfasst, sondern in der Kategorie *Support activities for animal production* subsummiert: 9730 Personen arbeiteten 2003 in diesem Bereich, mit einem durchschnittlichen Jahresgehalt von 19.340 Dollar.

Aufgrund der rauen Arbeitsbedingungen und der Einsamkeit attestiert man dem Cowboy Selbstständigkeit und Individualismus. Was ihn letztendlich mit dem Einzel-Korrespondenten aus Europa verbindet, der sich oft auch als *lone ranger* fühlt. In Cowgirl-Kleidung habe ich mich trotzdem nicht geworfen. So weit geht die Solidarität auch wieder nicht…

D

Dating

Das *Dating* – Miteinander-(Aus-)Gehen – läuft in den USA nach relativ klar festgelegten Regeln ab. Wenn man sich mehr als einmal *à deux* trifft, gibt man dadurch ein eindeutiges Signal, wohin der Hase laufen wird. Vorsicht ist also geboten, falls das Interesse rein freundschaftlicher Natur ist.

Wenn zwei Paare miteinander ausgehen, spricht man von *double-dating*; findet ein Treffen mit einem potenziellen, aber noch unbekannten Kandidaten statt, von einem *blind-date*. Tatsächlich möchte man ja manchmal aus Enttäuschung gern die Augen verschließen, wenn sich der erhoffte Traumprinz als gar nicht so traumhaft entpuppt.

Wie bei uns ist es durch das Internet viel leichter geworden, Bekanntschaften zu schließen. Die meisten genieren sich auch gar nicht zuzugeben, dass sie einander auf diese Weise kennen gelernt haben. Typisch amerikanisch ist wohl die zeitsparende Methode des *speed-dating*, das seinen Ursprung in jüdischen Kreisen hat: Um bei der Partnersuche möglichst effizient zu sein, trifft man via Agentur an einem Abend mehrere Kandidaten, mit denen man jeweils nur acht Minuten verbringt. (Der erste Eindruck ist schließlich ausschlaggebend.) Dann folgt eine Rochade, und weiter geht's. In letzter Zeit öffnen sich immer mehr

Nischen für bestimmte Bevölkerungsgruppen und Bedürfnisse. Für unsere Begriffe vielleicht ein bisschen zu straff organisiert. Wenn mich die Agentur nicht vermittelt hätt'...

→ **Love**

D.C.

D.C. steht für *District of Columbia* und ist die gängige Bezeichnung für die amerikanische Hauptstadt. Man lebt beziehungsweise arbeitet in *D.C.*, nicht in Washington, denn das wäre missverständlich: Es gibt schließlich einen gleichnamigen Bundesstaat an der Westküste.

An sich sollen in diesem Buch keine Städte oder Personen porträtiert werden, da dies viel zu weit führen und mehrere Bücher füllen könnte. Für Washington als Haupt- und der Autorin am besten vertraute, zeitweilige (Heimat-)Stadt soll jedoch eine Ausnahme gemacht werden.

Eng schließt sich der → **Beltway** um *D.C.*; die zehnspurige Gürtel-Autobahn trennt die amerikanische Hauptstadt klar vom Rest der Nation. Washington ist anders – so könnte zu Recht der Werbeslogan dieser Stadt lauten, aber bisher ist niemandem ein banaler Text wie dieser eingefallen.

Washington ist nicht Amerika, das bekommen Besucher immer wieder zu hören, und vor allem die ausländischen US-Korrespondenten, die meist in der Hauptstadt stationiert sind, werden von Insidern immer wieder gemahnt, diese nicht als repräsentativ für die USA zu sehen. Sooft es geht, über den *Beltway* hinausspähen, lautet die Devise.

Andere spähen indes von außen hinein. Die Gefühle der Amerikaner gegenüber Washington sind nicht nur von Ablehnung geprägt, sondern gemischt. Ein bisschen interessiert man sich doch für seine Hauptstadt. Und so unternimmt der amerikanische »John Normalverbraucher« sehr wohl irgendwann im Leben eine Reise nach Washington. Mag sein, dass den Amerikanern Washington ein bisschen suspekt und fremd ist – aber man muss das Weiße Haus, das Kapitol doch zumindest gesehen haben!

Im Jahr 2000 feierte die amerikanische Hauptstadt einen runden Geburtstag: 200 Jahre. Aber das Jubiläum ging relativ unspektakulär über die Bühne. Eo ipso ein Zeichen? Ein paar Feierlichkeiten hier und dort, am ehesten noch konkret zum Geburtstag des Weißen Hauses, aber keine großartigen Paraden, kein Pomp.

Während für ausländische Touristen Washington kein besonders starker Magnet ist und meistens nur auf einer Rundreise »mitgenommen« wird – die reinen Washington-Reiseführer sind Ladenhüter –, zollen die »einheimischen« Touristen ihrer Hauptstadt mehr Respekt. Insgesamt wird diese jährlich von 20 Millionen Besuchern heimgesucht.

Ehrfürchtig betreiben die Touristen politisches Sightseeing, besichtigen die wichtigen Gebäude, neben Weißem Haus und Kapitol die *Library of Congress*, den *Supreme Court*, die Denkmäler für die einzelnen Präsidenten und nicht zuletzt die Museen. Der Eintritt ist fast überall frei – die Hauptstadt nimmt ihren Bildungsauftrag ernst. Sogar sehr ernst: *»A fresco is a painting on a wall«*, erfährt etwa der Besucher des Kapitols; in der *Library of Congress* wiederum wird akribisch erklärt, was eine Bibliothek überhaupt ist. Wer zu Fuß das Weiße Haus umrundet, hört aus den Lautsprechern eine Stimme tönen, die großartig dessen Geschichte erzählt.

Großartig ist hier alles, außer dem Weißen Haus selbst, das mit seinen eher bescheidenen Dimensionen in einem dichten, von Verkehr umbrandeten Park fast zu verschwinden scheint. Monumentale Gebäude säumen die *Mall*, jene imperiale Achse, die sich vom Kapitol auf dem Hügel über den Obelisken des Washington Monument bis zum Lincoln-Denkmal erstreckt.

Das Zentrum der Macht, der Hort der Demokratie (auch wenn daran immer wieder Zweifel aufkommen) – mit allen Sinnen ist es zu spüren: Man riecht, schmeckt es geradezu. Hoch und mächtig ragt das Kapitol mit seiner Riesenkuppel über die Stadt. Ist es wirklich echt oder aus Zuckerguss, wie vom Demel? Die Mall, die am Fuße des *Capitol Hill* beginnt, wird von elefantösen Museen und Regierungsgebäuden eingerahmt.

Dennoch: Die gewaltigen Gebäude sind nicht dazu angetan, den Besucher förmlich zu »erschlagen«. Dafür sorgt die großzügige Anlage der Stadt, für die ursprünglich der aus Frankreich stammende Architekt Pierre L'Enfant verantwortlich zeichnete. In Versailles aufgewachsen und mit der barocken Herrschaftsarchitektur vertraut, schien L'Enfant geeignet, eine repräsentative Stadt zu planen.

Mit ihren breiten Boulevards und ihrer Weitläufigkeit erinnert die amerikanische Hauptstadt stark an Paris. In ihrer klassischen Strenge gemahnt sie zugleich an Rom. Nach den Vorstellungen von George Washington sollte seine Namensvetterin »fit für dieses riesige Reich« sein, das damals freilich erst 13 Staaten umfasste.

Washington liegt genau in der Mitte der Achse jener 13 und wurde in einem sumpfigen, mückenreichen Gelände am *Potomac*-Fluss erbaut. (Den indianischen Namen *Potomac* betonen echte Washingtonians übrigens auf dem zweiten O.) Vor 1800 hatte der Kongress im Laufe der Zeit an acht verschiedenen Orten getagt, davon 15 Jahre in Philadelphia. 1777, während des Unabhängigkeitskrieges, wechselte der Kongress viermal seinen Standort. Wenig später machte Francis Hopkinson, einer der Unterzeichner der Unabhängigkeitserklärung, den Vorschlag, die Hauptstadt auf Rädern zu bauen, sodass sie mit dem Kongress mitreisen könne.

Auch Philadelphia hatte durchaus Chancen gehabt, Hauptstadt der USA zu werden. Aber den Abgeordneten war 1783 der Schrecken in die Glieder gefahren, als meuternde Soldaten auf das State House von Pennsylvania marschierten, wo der Kongress zu Gast war. Die Meuterer wollten bloß ihren Sold, der

Kongress hatte kein Geld und war von den Einzelstaaten und deren Entscheidungen abhängig.

»Eine Hauptstadt musste gefunden werden, um den Kongress vor staatlicher Einflussnahme und Abhängigkeiten zu schützen und um die Idee der Union mit einer Bundesregierung zu stärken«, heißt es im DuMont-Reiseführer, der die Entstehung der Stadt anschaulich nachzeichnet. Die Idee eines unabhängigen Districts stieß zugleich von Anfang an auf Misstrauen. Es herrschte die Angst, dass damit die Saat für eine Machtzentrale gesät würde, vom Volk entfremdet, dekadent wie London oder Paris. Schließlich hatten die Siedler die Alte Welt verlassen, um mit so wenig Obrigkeit wie möglich glücklich zu werden. Ein Misstrauen, das – wie gesagt – bis heute nicht verpufft ist.

Den Befürchtungen der Republikaner stand der Wunsch der *Federalists* gegenüber: »e pluribus unum«. Aus dem vielen Widersprüchlichen der Staaten, ihren Menschen und ihrer Wirtschaft, sollte eines gemacht werden. Bis heute ist dieses Motto im Siegel der USA auf der Ein-Dollar-Note präsent.

George Washington, 1789 zum ersten Präsidenten der USA gewählt, favorisierte als Südstaatler aus Virginia – seine Plantage Mount Vernon ist ein beliebtes Touristenziel südlich von Washington – einen Standort am Potomac. Es war nicht ganz einfach, die Zustimmung des Kongresses zu bekommen, dann aber verschrieb sich Washington von 1791 bis zu seinem Tod im Jahr 1799 ganz der Aufgabe, die Bundeshauptstadt zu einem Erfolg zu machen; der erste Präsident, der von dort aus regierte, war sein Nachfolger John Adams.

Der Kongress hatte festgelegt, dass der District nicht größer als zehn Meilen im Quadrat sein sollte. Maryland im Norden und Virginia im Süden traten Land ab, wobei Washington beschloss, das Quadrat auf die Spitze zu stellen, sodass es Alexandria und Georgetown einschloss – die beiden einzigen Siedlungen in der gottverlassenen Gegend. Das Karo, das auch heute noch auf der Landkarte den Grundriss des District bildet, ist links unten allerdings offen, weil Virginia, als es sich aus der Union zurückzog und der Konföderation beitrat, der Stadt im Südwesten ein Stück wieder gewaltsam entzog. Der District, in dem heute rund 600.000 Menschen leben, ist relativ klein, gemeinhin fühlen sich aber auch die Bewohner des Großraums Washington als Washingtonians – zumal das städtische Gebiet übergangslos in Maryland und Virginia mündet.

D.C. also: Während es sich bei »Amerika« um eine europäische Bezeichnung handelt (nach dem italienischen Entdecker Amerigo Vespucci), ist Columbia eine amerikanische: klassischer Klang (angelehnt an Britannia?) und zugleich eine Ehrung für Kolumbus. 66 Prozent der Bevölkerung sind heute schwarz, die Rassentrennung eklatant. In Georgetown etwa leben praktisch keine Schwarzen, im Süd- und Nordosten keine Weißen. Die Grenze zwischen geordnetem Wohlstand und Armut/Drogen/Kriminalität in vorwiegend schwarzen Gebieten ist scharf. Sie verschiebt sich aber immer mehr nach Osten, ständig werden verwahrloste Gebiete saniert. Früher galt es als gefährlich, sich östlich der 16. Straße zu bewegen, heute kann man schon in der 14. ein putziges Kutschen-Häuschen anmieten, und die Besitzer des Haupthauses erklären, man werde bestimmt nicht ermordet, schlimmstenfalls vergewaltigt und ausgeraubt. Wie beruhigend!

In jenen Gegenden, die der Normalverbraucher betritt, fühlt man sich üblicherweise sicher – zuletzt wurde Washington, das lange als gefährlichste Stadt der USA galt, jedoch von einer Verbrechenswelle erschüttert, die auch bisher verschonte Wohngegenden und Touristenzonen traf. Immer häufiger werden Täter in Vierteln festgenommen, in denen sie nicht leben. Die Zahl der Verbrechen – Überfälle, Raub, Mord – stieg in den ersten Monaten des Jahres 2006 beträchtlich. Die Wurzel, so Experten, liegt in den extremen Unterschieden zwischen Arm und Reich, die nirgends so ausgeprägt seien wie in der US-Hauptstadt.

Washington war die erste amerikanische Stadt, die für einen bestimmten Zweck geplant wurde. Bis zur endgültigen Umsetzung des ursprünglichen Planes gab es allerdings zahlreiche Querelen und Verzögerungen. Als während des britisch-amerikanischen Krieges im Jahr 1814 britische Truppen Washington besetzten und das Kapitol sowie das *President's House* niederbrannten, überlegte man kurz, die Hauptstadt überhaupt aufzugeben. Mit nur neun Stimmen Mehrheit entschied der Kongress, in Washington zu bleiben.

Viele Details des Planes von L'Enfant wurden allerdings erst anlässlich des 100. Geburtstags der Stadt umgesetzt. Als 1900 der so genannte McMillan-Plan ausgearbeitet wurde – benannt nach dem gleichnamigen Senator und Hauptförderer –, wollte man sich einerseits als Europa ebenbürtig erweisen und suchte andererseits in der Zeit der Expansion nach Legitimierung und Definition der eigenen Identität. Um Verschönerung ging es und um soziale Verbesserung. Zwar wurden Probleme wie Armut und Überbevölkerung nicht explizit angesprochen, jedoch traten Regierungsgebäude an die Stelle von Slumgebieten mit klingenden Namen wie *Swamppoodle* oder *Murder Bay*.

Springbrunnen, Statuen, baumgesäumte Alleen. Symmetrie und Harmonie. So stellte sich die um die Jahrhundertwende erwachende *City-Beautiful*-Bewegung eine schöne Stadt vor. »In den Händen der Planungskommission wurde aus L'Enfants Plänen einer Prozessionsstraße im Stil der Champs-Elysées ein grüner Teppich«, heißt es auf der offiziellen Website der Hauptstadt, »mit ähnlichen Elementen wie in Versailles oder im Schloss Senonbrunn (sic) in Wien.«

Immer noch ist die *Mall* ein *work in progress*. Vor wenigen Jahren erst wurde das umstrittene *Worldwar II-Memorial* gebaut – geplant übrigens von dem österreichischen Architekten Friedrich St. Florian. Es liegt zwischen Lincoln-Memorial und Washington-Monument und erscheint vielen zu monumental – ein Vorwurf, der freilich angesichts der gewaltigen Gebäude der *Mall* nicht ganz überzeugt. »Die Mall ist nicht die Akropolis«, erklärt St. Florian lapidar, sie muss sich ständig weiterentwickeln.

Alles fließt. Auch der Strom der Bewohner Washingtons. Es ist ein Kommen und Gehen – auf internationaler Ebene (Korrespondenten, Mitarbeiter von Weltbank und Währungsfonds), auf nationaler sowieso. Die Schnelllebigkeit macht es schwer, tiefe Freundschaften zu knüpfen.

Dennoch: Eine kalte Stadt ist Washington nicht. Wenn es Abend wird, wenn die Sonne die Stadt in rosiges Licht taucht, dann treten die weichen Züge der Stadt hervor, weicht eiserner Regierungswille südlichem Charme. Ergänzen einander harmonisch kalter Marmor und warmer Ziegel. Nüchterner Regierungssitz zum einen, sanfte *southern city* zum anderen – etwa auf der geografischen Breite Lissabons gelegen.

Viel spielt sich dank des milden Klimas im Freien ab, nur im drückend-heißen Sommer flüchten die Washingtonians nach drinnen. → **Air-Condition** überall. Eine saubere, weitläufige, grüne Stadt mit so hoher Lebensqualität, dass mancher New Yorker wochenendweise zum Verschnaufen anreist.

Unter die Politiker mischt sich das »Volk«, Kinder spielen auf den Stufen des ehrwürdigen Kapitols, Jogger drehen ihre Runden, und scheint die Sonne noch so prall. Die *Mall*, grüne Oase inmitten der Stadt, wird von flanierenden wie sportlichen Zeitgenossen frequentiert. Weniger *hip*, weniger stressig als New York, aber trotzdem kein Kuhdorf, wenn man es versteht, richtig zu »grasen«. Eine Liebe auf den zweiten Blick. Aber ist man erst einmal Washingtonian, dann aus vollem Herzen.

Decaf

Die Kaffeesituation in den USA ist eher trist. Obwohl zugewanderte Italiener und aus dem Boden geschossene Kaffeehausketten à la Starbucks eine leichte Verbesserung gebracht haben, ist doch das, was man gemeinhin unter *regular coffee* versteht, eine dünne Brühe. Was an Koffein gespart wird, kompensiert man durch die Menge. Die Becher können nicht groß genug sein. Und Sie alle kennen aus den amerikanischen Filmen die adretten Kellnerinnen, die mit ihren Glaskannen zwischen Heizplatte und Gästen hin und her eilen, um letzteren ständig nachzuschenken. Nun ja, wenn man nichts anderes kennt, mag das »Gschlader«, wie wir in Wien sagen würden, als Kaffee durchgehen.

Wobei sich der Kaffeekonsum längst nicht mehr auf Lokale beschränkt. Die Menschen auf der Straße sind – abgesehen von den allgegenwärtigen Wasserflaschen – häufig auch mit so genannten *commuter mugs* bewaffnet. Bei diesen Pendler-Häferln handelt es sich um klobige Thermosbecher, meist metallic, in denen der Kaffee zur Arbeit oder sonst wohin transportiert werden kann.

Trotzdem: Die starke Präsenz von Kaffee und die kreativen Angebote – von *double-shot no-foam 2-percent triple-fussy mocha latte* (sprich »Lattayh«) über *Decaf* (koffeinfreier Kaffee) mit Extra-Schlag bis zu Cappuccino mit Leichtmilch und einem Schuss Soundso – täuschen nicht über die oftmals mindere Qualität hinweg. Gleiches gilt für den Geschmack, mit dem der Kaffee gern verfeinert wird, Haselnuss etwa. Ein reines Ablenkungsmanöver. Die ganze Nation würde das Etikett *decaf* verdienen!

Selbst der Espresso, der Strohhalm, an den sich Freunde des starken Kaffees klammern, ist oft eine Enttäuschung. Infolge zu starker Röstung meist zu bitter. Dafür mit Zitronenschale serviert, was erneut vor Rätsel stellt.

Bei Abendeinladungen wird generell nur *Decaf* serviert. Dazu ein bisschen Süßstoff und *skim milk*? Brrr! Wird man uns demnächst alkoholfreien Schnaps servieren? Das wohl kaum, wenn man bedenkt, wie sehr die amerikanischen Gäste dem Wachauer Marillenschnaps zusprechen, den ich immer aus der Heimat mitbringe. Und in kleinen Pappbechern serviere.

Der Kaffee, den unsereins den Amerikanern kredenzt, lässt sie übrigens an die Decke hüpfen und beschert ihnen den Rest des Tages Herzklopfen. Es ist eben alles eine Frage der Gewohnheit.

Außerhalb der eigenen vier Wände ist man natürlich auf Kaffee nach amerikanischer Zubereitung angewiesen. In dem riesigen Land unterwegs, irgendwo *in the middle of nowhere,* bleibt leider oft nur die dünne Brühe. Es sei denn, es taucht irgendwo der rettende grüne Starbucks-Stern auf – dann vollführen wir Freudentänze à la Starbucchi, pardon Kabuki!

Während so mancher Amerikaner den »guten, alten Zeiten« nachtrauert – wie eingangs beschrieben –, als Kaffee nur einen Namen hatte und nur in einer »Gestalt« serviert wurde. »Es war eine heiße, erbauliche, gesellschaftlich akzeptierte Droge«, schwärmt ein Redakteur der *Washington Post*. Kaffee sei wie Benzin, der Kaffeegenuss wie Tanken gewesen.

Heute jedoch würden ohnehin schon gestresste Leute viel Geld dafür zahlen, um durch Unmengen von Koffein noch nervöser zu werden. Nach dem Erwerb der jeweiligen Kaffee-Spezialität stellen sie sich am *condiment stand,* wo man Zucker, *stirrer* (Umrühr-Hölzchen) und ähnliche Extras bekommt, erneut in eine Schlange. Dort herrscht zumeist Ellbogentaktik oder Höflichkeits-Stau. Denn auch die Verfeinerung des Kaffees ist heute eine Wissenschaft. »Ich habe schon Ärzte schneller Babies auf die Welt bringen sehen, als manche Leute ihren Cappuccino mit Muskatnuss aufbessern!«

Tja, auch so kann man es sehen. Der Kaffeekonsum ist eine äußerst überkandidelte Sache geworden. Und wenn man sich dies vor Augen führt, schmeckt die dünne Brühe mit einem Mal besser …

Dentist

Billig war es nicht, aber meine Zähne sind unter den kundigen Händen des amerikanischen Zahnarztes natürlich viel weißer und besser geworden – glaubt jedenfalls er. Seine Zunft fühlt sich den Europäern weit überlegen. Immerhin hat er die Arbeit des österreichischen Kollegen gelobt: »Der muss in den USA studiert haben!«

Meistens sprach Neil über Politik, wenn er in meinem klaffenden Mund werkte und ich zum Schweigen verdammt war. Ohnehin lag ich in sprachlose Bewunderung versunken da, weil Neil dem Schauspieler Robert de Niro so verdammt ähnlich sah. Soweit das durch die Marsmännchen-Montur, in der sich amerikanische Ärzte gern präsentieren, erkennbar war.

Neil hatte seine Praxis im Erdgeschoss meines Apartmentgebäudes – und ich während meiner Amerikazeit so oft »Zahnweh« wie nie zuvor. Und man stelle sich vor: Nach der Wurzelbehandlung ruft Neil abends an, um sich zu erkundigen, wie es mir geht. Das hätte sein Wiener Kollege (der übrigens nicht in den USA studiert hat) allerdings nie getan. Wir plaudern ein bisschen, und ich schwebe im siebenten Himmel. Erst als mir am nächsten Tag eine Freundin erzählt, dass in den USA sogar Tierärzte nach der Behandlung der Katze anrufen, weiß ich, wie wenig der nächtliche Anruf zu bedeuten hatte. Der übliche Service, mehr nicht.

Der Implantatspezialist Sam, Neils Partner aus Äthiopien, kam sogar des Öfteren zum Kaffee in meine Wohnung. Verdrehte mir nicht nur im Zahnarztstuhl, sondern auch in der Freizeit den Kopf. Machte mir schöne Zähne. Da konnte die Freundin dann freilich nicht mehr mit. So weit war der Tierarzt mit ihrer Katze nicht gegangen …

Diet

Eine kurze Bemerkung zu dem, was die Amerikaner *diet* nennen: Natürlich ist jeder ständig *on a diet* – außer jenen, die es am dringendsten notwendig hätten. Unter *diet* wird aber nicht nur die Diät, (Abmagerungs-)Kur beziehungsweise Diätkost verstanden, sondern auch die Ernährung per se. Eine *healthy diet* ist also keine gesunde Diät (oft sind selbige ohnehin ungesund), sondern einfach eine gesunde Ernährung.

Wie immer in Amerika gibt es auch beim Essen Extreme und Widersprüche. Also einerseits Menschen, die besonders bewusst, gesund und knapp bemessen essen – oft auch schon wieder übertrieben – und andererseits solche, die Unmengen verschlingen, viel Fastfood, Fett und Zucker. Die ständig Snacks brauchen, Knabbereien und Sodas, also alkoholfreie, zuckerhaltige Getränke. Die kein Video ansehen können, ohne Pizza zu bestellen, und im Kino nie ohne kübelweise Popcorn anzutreffen sind …

Tipp! Und erst die Torten in den USA! Ungetüme in der Größe von Hutschachteln, mit reichlich Creme und *Icing* – Glasur. Wovon man sich zum Beispiel bei einem Besuch in der *Cheesecake factory*, einer auf Süßes spezialisierten Restaurant-Kette, am eigenen Leib überzeugen kann.

Wohlbefinden hat viel mit Essen zu tun, nicht nur in den USA. *Feel-good-food* muss aber nicht – um es noch einmal zu betonen – minderwertige Nahrung sein, wie es das Amerika-Klischee beharrlich behauptet. Die USA sind nun einmal nicht bloß von Burger-fressenden Dicken bevölkert.

Heutzutage kann man im Supermarkt, im Restaurant alles bekommen, was das Herz begehrt, auch Gesundes, Vegetarisches, *whatever*. Nicht zu vergessen natürlich das breitgefächerte Angebot an *ethnic food*: Speisen, welche die verschiedenen Nationalitäten aus ihren Ursprungsländern mitgebracht und in den USA etabliert haben. Manchmal auch ein wenig modifiziert, amerikanischen Erwartungen angepasst. Wer isst zum Beispiel in Italien Spaghetti mit *meatballs*?

Europäische, asiatische Einflüsse ebenso wie afrikanische, von den Sklaven importierte Zutaten und Gerichte oder lateinamerikanischer Touch: ob *Tex-Mex-food* in Texas, salzig-süße Kompositionen in Miami, deftige Kost in den Südstaaten – zur Stärkung für körperliche Arbeit. Gumbo in New Orleans. *Crabcakes* in Maryland oder *Lobster* in Neuengland. Unendlich könnte man weitere Delikatessen aufzählen. 50 Bundesstaaten lang.

Trotz der zahlreichen (Nahrungs-)Ketten (Restaurants, Fast food, Supermärkte) löffeln die Amerikaner nicht bloß Einheitsbrei. Was sie esstechnisch jedoch verbindet – wie der Dollar und die englische Sprache –, sind ein paar typisch amerikanische Spezialitäten, wie → **apple pie**, *pancakes* zum Frühstück (Türme davon!), Burger, Steaks etc.

Und nun zeige man mir bitte jenen Europäer, den all dies kulinarisch überhaupt nicht reizt!

Diner

Im späten 19. Jahrhundert tauchten sie erstmals im Nordosten der USA auf: mobile Imbissstände mit Sitzgelegenheiten – an der Theke oder in Kojen (*booths*). Sie boten in betriebsamen Stadtzentren relativ günstige Mahlzeiten an, ohne dass die Betreiber teuren Grund und Boden erwerben mussten. Die straßentaugliche lange, schmale Form, vergleichbar einem Zugwaggon oder Autobus, ist den *diners* geblieben, obwohl sie infolge des zunehmenden Autoverkehrs längst »sesshaft« geworden beziehungsweise von *Fastfood*-Ketten verdrängt worden sind.

Heute sind *diners* ein Magnet für Nostalgiker. Edelstahl- und Art-Déco-Elemente sowie Neonlicht erinnern an das früher typische *Diner*-Interieur der 20er bis 50er-Jahre, das auch von Restaurants und Ketten in etwas modernerer Gestalt kopiert wird (etwa *Denny's, Dairy Queen, Waffle House*). Das Speisenangebot ist üblicherweise von *diner* zu *diner* recht ähnlich. Klassische *American cuisine*. Ein Mahl in einem *diner* lohnt sich in jedem Fall – oder auch ein Ausflug ins American *Diner Museum* in Providence/Rhode Island (www.dinermuseum.org). **Tipp!**

Doggy bag

Riesenportionen, Steaks, die über den Tellerrand hängen, wagenradgroße Pizze: Nicht nur in den USA wird die Qualität von Restaurants häufig nach der Größe der angebotenen Portionen beurteilt. Je mehr, desto besser. Es ist schließlich kein Zufall, dass die Menschen immer dicker werden, auch diesseits des Atlantiks.

Oder aber man isst nicht auf. Trauert dem Essensrest nach – schade ums Geld! – oder lässt ihn sich verschämt einpacken. Wie oft haben wir uns schon für ältere Verwandte geniert – sparsame Angehörige der Kriegsgeneration –, die sich in Lokalen Reste für den Hund einpacken ließen, den sie gar nicht besitzen. Unwillig bringt dann der Kellner ein Stanniolpapier-Packerl, das in der Tasche binnen kurzem gequetscht und unansehnlich wird.

Nicht so in den USA. Hier ist es gang und gäbe, *Leftovers* mitzunehmen, Hund hin oder her. Selbst in den feinsten Restaurants bieten die Kellner von sich aus an, die Reste einzupacken, und zwar feinsäuberlich. Die so genannten *Doggy bags*, meist aus dünnem Styropor, bieten Einzelabteilungen für die verschiedenen Speisen, sodass sich diese nicht zu einem Einheitsbrei vermischen. Kein Mensch geniert sich in Amerika, mit dem gewissen weißen Paket unterm Arm das Lokal zu verlassen.

Eine teure Restaurantportion ergibt auf diese Weise oft noch ein komplettes Mahl für Zuhause. Eine wunderbare Sache! Allerdings kann es passieren, dass sich die angesammelten *doggy bags* in der Weite des amerikanischen Kühlschranks verlieren und allmählich in Vergessenheit geraten, bis man sie irgendwann wieder findet und die verdorbenen Reste allesamt wegwerfen muss. Hat sich also doch nicht wirklich ausgezahlt. Nur ein bisschen Extramüll produziert. Was die Amerikaner freilich nicht weiter kümmert.

E

Elefant und Esel

Der Elefant ist seit langem das symbolische Tier der republikanischen, der Esel das der demokratischen Partei. Der Begriff *Party Animal*, mit dem die »parteiischen« Tiere auch bezeichnet werden, ist freilich zweideutig. *Party Animals* sind – unter anderen Vorzeichen – vergnügungssüchtige Menschen, die tierische Freude an Festivitäten finden – auf Deutsch: »Partytiger« oder »Festsau«.

Auf offiziellen Parteidokumenten, auf Wahlkampfplakaten und Werbegeschenken: Überall begegnet man den beiden grauen Tieren. Dass die Republikaner von einem polternden Dickhäuter und die Demokraten von einem nicht gerade für seine Intelligenz berühmten Tier repräsentiert werden, lässt Raum für politische Interpretation. Die Politiker und Parteianhänger sind jedoch stolz auf ihre tradierten Symbole und wollen sie um keinen Preis ersetzen.

Dabei haben sie sich diese gar nicht selber ausgesucht. Der Elefant existiert in seiner politischen »Funktion« seit dem Ende des 19. Jahrhunderts und geht auf Karikaturen des Zeichners Thomas Nast (1840–1902) zurück. Während der Kongresswahlen 1874 erschien in der Zeitschrift *Harpers Weekly* ein Cartoon, der – mit Bezug auf kolportierte Versuche des amtierenden Präsidenten Ulysses S. Grant, für eine dritte Amtsperiode kandidieren zu wollen – einen Dickhäuter zeigte. Kurzerhand identifizierten sich die Republikaner mit den positiven Eigenschaften des Tieres – Stärke und Intelligenz – und führen ihn seither als Wappentier.

Der Esel als Maskottchen der Demokraten wurde durch Nasts Karikaturen aufgefrischt, geht aber bereits auf das Jahr 1828 zurück, als der demokratische Präsidentschaftskandidat Andrew Jackson im Wahlkampf von seinen Gegnern wegen seines populistischen Slogans *Let the people rule* als *jackass* beschimpft wurde, was im Gegensatz zu *donkey* den Esel nicht als Grautier, sondern als ausgemachten Idioten meint.

Doch die Demokraten machten aus der Not eine Tugend, »adoptierten« den sprichwörtlichen Eigensinn des Tieres und erklärten ihn zum Parteisymbol.

Emigranten

Über dem Bett hängt ein Stich der Piaristenkirche in der Wiener Josefstadt, in den Bücherregalen drängt sich Karl Kraus neben Joachim Ringelnatz. Bilder und Bücher, wohin das Auge blickt, und jede Menge Besucher, die viel Deutsch und ein wenig Englisch sprechen. So gemütlich wie seinerzeit die Wohnung der Großmutter – und ebenso altmodisch-wienerisch. Aber wir befinden uns nicht in Wien, sondern in Manhattan, Upper East Side, 89. Straße. In einem Stadtteil, der früher einmal *Little Germany* hieß.

Es ist Mittwochabend, und wie jede Woche trifft man sich zum so genannten »Emigrantenstammtisch« bei Gaby Glückselig – eine Tradition, die in New York seit mehr als 60 Jahren besteht. Heute sind es besonders viele Gäste, mehr als 20. »Einmal hat jemand gesagt, ich bräuchte Gummiwände«, sagt Gaby, »aber es ist erstaunlich, wie viele Leute man in meine kleine Wohnung quetschen kann.« Diese ist tatsächlich winzig, eigentlich nur ein Zimmer, mit Schlaf- und Kochnische und einem kleinen Vorraum.

Unter die Emigranten, die im Durchschnitt über 80 sind, mischen sich auch junge Menschen. Zivildiener aus Österreich oder Deutschland, die in New York Holocaust-Gedenkdienst leisten; Besucher – vorwiegend deutschsprachige –, die zufällig vom Stammtisch gehört haben; eine Studentin, die ein paar Wochen in New York ist, um für ihre Diplomarbeit zu recherchieren; ein österreichischer *artist in residence*, ein deutsches Psychoanalytiker-Paar, das sich für ein Projekt in der Stadt aufhält. Jeder ist willkommen – er muss sich nur kurz vorstellen beziehungsweise erklären, was er in New York macht und was ihm dort, wo er herkommt, auf die Nerven geht. Darauf legt Gaby Wert, wenn auch im Scherz.

»Der Stammtisch besteht aus einem Kern älterer Leute«, erklärt John Heinig, 88. »Dazu kommen jüngere Menschen – eine große Bereicherung. Sie sind ein wesentlicher Bestandteil. Ohne sie würde es nicht weitergehen!« John genießt es, in der Runde Deutsch zu sprechen, »es ist die einzige Gelegenheit für mich«.

Andi Barth wiederum, 23-jähriger Zivildiener aus Österreich und regelmäßiger Stammtischbesucher, schätzt die »Superdiskussionen über Weltpolitik, vermischt mit der Fast Kaffeehaus-Atmosphäre, wie man sie in New York sonst nirgends findet«. Die Jungen fühlen sich geborgen und finden das alte Wienerisch charmant. Man ist per du und versteht sich gut – nur manchmal akustisch nicht, denn die Alten hören schlecht, und die Jungen nuscheln.

Wie üblich hat jeder etwas zu essen oder zu trinken mitgebracht. Käse, Schinken, Brot, ein selbstgebackener Kuchen. Unter die roten und blauen Beeren in der Obstschale hat sich zur allgemeinen Verwunderung eine einzelne Marille verirrt. Apropos: Von »Aprikosenklößchen« habe ihr jüngst jemand erzählt, klagt eine der Damen, »das heißt doch Marillenknödel!« Eine empfiehlt einen Film, die andere zeigt Fotos von ihrer Reise nach Österreich, wo sie einen der ehemaligen Zivildiener getroffen hat. Hier entstehen Freundschaften von Dauer. Beziehungen zwischen den Generationen. Keine Spur von Verbitterung. Der Umgangston ist locker. »Rainer, du hast ja noch längere Haare als letztes Mal. Sind die alle echt?«, fragt Gaby den Künstler mit dem Wuschelkopf. Trudy, Lily und Hilde stimmen ein. »Du hast das Hosentürl offen«, wird eine junge Besucherin aufmerksam gemacht – zugeknöpft gibt sich hier niemand. Später entsteht eine politische Diskussion, bei der es durchaus auch einmal hitzig wird. Hitler, Bush, Irak, Pazifismus und Machos – ein weites Feld.

»Sie haben Glück«, flüstert mir eine ältere Dame zu, »früher wurde fast *nur* politisiert, heute ist es viel lustiger.« Früher, das war ab 1942, als der bayrische Volksschriftsteller Oskar Maria Graf den Emigrantenstammtisch gemeinsam mit seinem Freund George Harry Asher ins Leben rief. Graf starb 1967, aber der Stammtisch lebt fort. Anfangs traf man sich in Restaurants, später dann in Privatwohnungen, seit rund zwölf Jahren bei Gaby Glückselig.

»Mein Leben dreht sich um diesen Stammtisch«, gesteht die 88-jährige Gastgeberin, »er bestimmt meinen Rhythmus: Am Dienstag herrichten, am Mittwoch der Stammtisch, am Donnerstag wegräumen, dann kommt das Wochenende, und fast ist schon wieder der Mittwoch da.« Gaby stammt aus Wiesbaden und kam 1938 nach New York – »bevor noch die richtigen Schweinereien begonnen haben«. Jahrzehntelang war sie mit dem Wiener Fritz Glückselig verheiratet.

Gegen Mitternacht machen sich die Gäste zum Aufbruch bereit. Wie in einer einstudierten Choreografie räumen sie das Geschirr weg, stapeln Sessel übereinander, rücken Möbel. Jeder kennt die ihm zugeteilten Handgriffe, nur einer kann das runde Tischtuch wirklich gut zusammenlegen – »er macht das einmalig«, schwärmen Gaby, Lily, Trudy. Bald kommt das Wochenende, und fast ist schon wieder der nächste Mittwoch da …

Endstation Sehnsucht

»Einmal nach *Desire* bitte.« Der Busfahrer runzelt die Stirn: »Und was dann?« Dort würde ich herumstreifen und mir ein Taxi nehmen, kündige ich an, was er milde lächelnd und zugleich etwas unwirsch mit dem Rat, ja quasi Befehl quittiert: »Das können Sie vergessen, Sie fahren mit mir wieder zurück.« Ein Tour-Retour-Ticket also; zwei Dollar 50 kostet die Fahrt nach *Desire* und zurück. Da ich kein Kleingeld habe, werfe ich drei Dollar in die Box: Das ist es mir wert, die Sehnsucht zu stillen.

Vor Jahrzehnten schon ist das legendäre *Streetcar named Desire* durch einen Bus ersetzt worden. *A Streetcar named Desire* – »Endstation Sehnsucht« –, so hat Tennessee Williams sein berühmtes Stück genannt, das in New Orleans spielt. Und anders als man glauben könnte, handelt es sich dabei primär nicht um eine literarische Überhöhung. *Desire* steht noch heute in leuchtenden Lettern auf der Stirn des Busses, der in regelmäßigen Intervallen vom *French Quarter*, jenem charmanten, aber touristisch-lauten Viertel, in Richtung Sehnsucht losfährt. Ganz real führt die Linie 82 zur Desire Street im Nordosten der Stadt.

Die letzte Straßenbahn fuhr auf dieser Strecke am 30. Mai 1948. Als Metapher hat sich »Endstation Sehnsucht« freilich längst von der Wirklichkeit gelöst. So nüchtern diese auch ist: Laut Stadtchronik hatte seinerzeit der Besitzer dieses Bodens, Robert Montreuil, die Straße nach seiner Tochter Desirée benannt. Aus dem »Wunschkind« wurde bald auf Englisch *Desire*.

Den Bus zu nehmen war eine spontane Idee gewesen. Gerade senkt sich die Dämmerung über New Orleans hernieder. Zunächst bin ich mit dem Fahrer allein, dann steigen immer mehr Fahrgäste ein, sichtlich auf dem Weg von der Arbeit nach Hause. Altmodisch zwickt der Chauffeur die Fahrkarten, nickt Stammkunden flüchtig zu. Ich bin die einzige Weiße. Es wird dunkel. Die Beleuchtung: spärlich, die Straße: schlecht. Während wir so dahinrumpeln, wird mir mulmig. Worauf habe ich mich da eingelassen?

Die heruntergekommenen Häuser, die sichtbare Armut der Menschen – all das steht in Kontrast zu den poetischen Straßennamen, wie man sie überall in New Orleans findet: Royal, Music, Elysische Felder, Clio, Euterpe. Kurz vor der Endstation Sehnsucht kreuzen wir die Piety Street. Ich atme auf: Wo es »Pietät« heißt, wird man mich nicht ausrauben. Ein Straßenschild als Schutz?

Auch dass die *Desire*-Straße so besonders lang ist (sieben Minuten Busfahrt), kann man symbolisch auffassen: Die Sehnsucht scheint kein Ende zu nehmen. Erfüllt wird sie nicht. Von Desire wünscht man sich vor allem schnell weg. Der Busfahrer hatte Recht. Ein paar Baracken auf der einen, eine »Gstätten« auf der anderen Seite. Keine Elysischen Felder, nur entrische Gründe.

Als wir an der Endstation angelangt sind, bin ich, wie zu Beginn der Fahrt, wieder allein. So schnell sich der Bus gefüllt hatte, spucke er die Passagiere wieder sukzessive Station für Station in die Dunkelheit aus. Auch der Busfahrer steigt aus und verschwindet für kurze Zeit. Zwischenstation Sehnsucht. Stille, Unsicherheit. Ein Glimmen zeigt bald die Rückkehr des Chauffeurs an, der seine Zigarette in Ruhe hinter dem Lenkrad zu Ende raucht, bevor wir die Rückfahrt antreten.

»Sie haben Nerven!«, meint er plötzlich. Was für eine Schnapsidee! Auch er hätte mir nicht helfen können, wenn mich jemand angegriffen hätte, knurrt er. Es ist eine Mischung aus Ärger und Neugier, die den bisher so wortkargen Mann plötzlich gesprächiger werden lässt. Eddy heiße er, verrät er, aber nun müsse auch ich meinen Namen preisgeben.

Was ich hier mache? Tennessee Williams? »Ach ja, ich lese übrigens auch gern, sehen Sie.« Eddy hält mir ein Buch von Stephen King hin. »Endstation Sehnsucht« habe er nicht gelesen, aber er werde dies umgehend nachholen.

Eddy schüttelt den Kopf. Die literarische Spurensuche verwundert und amüsiert ihn zugleich. Er habe sonst nie Touristen unter seinen Fahrgästen. »Na, so etwas, sieht den Bus und springt einfach auf.« Sachen gibt es! »Warum machen Sie Notizen? Wollen Sie etwa auch ein Buch schreiben?«

Für Eddy scheint die Begegnung ebenso ungewöhnlich wie für mich. Normalerweise macht er die Rückfahrt von Desire allein. Wie es früher war, erzählt er, und dass er seit Jahrzehnten Busfahrer ist. Ehe wir's uns versehen, leuchtet uns grell das French Quarter entgegen. Wir sind wieder in der Zivilisation. Sozusagen. Als ich aussteige, ruft mir der Kutscher eines Touristen-Fiakers entgegen: *»Now let's go for a real ride!«* Tatsächlich erscheint die Fahrt nach *Desire* schon jetzt wieder unwirklich.

Entertaining

Ob ich denn beabsichtige, auch zu entertainen, will die Maklerin bei unserer Suche nach einer passenden Bleibe wissen. Wir befinden uns gerade in einer geräumigen *Living-/Dining*-Zimmerflucht. Förmlich i-de-al zum Entertainen, schwärmt die Maklerin. Ich sehe mich schon mit Schrecken für amerikanische Gäste Hauskonzerte veranstalten, akrobatische Kunststücke vorführen. Als Entertainerin eben.

Wird das in den USA erwartet, frage ich mich bange? Das kann ja anstrengend werden! Aber weit gefehlt. Von *Entertaining* ist nämlich selbst dann die Rede, wenn sich die Gäste schrecklich langweilen. Anders als beim Gebrauch von Entertaining als Lehnwort im Deutschen bedeutet es im Englischen einfach, dass man Gäste einlädt, sich gesellig verhält.

Wobei die Amerikaner wochentags gemeinhin nicht bereit sind, allzu sehr über die Stränge zu schlagen, auch was Alkohol betrifft. *It's a schoolnight*, sagen selbst Erwachsene. Sobald alle Gänge zügig absolviert sind, nehmen sie im besten Fall noch einen schnellen Kaffee – → **decaf** natürlich. Und dann husch-husch ins Körbchen. *Good night, don't let the bed bugs bite!*

Anfangs ist man als europäische Gastgeberin ein wenig vor den Kopf gestoßen. Wo bleibt da die Gemütlichkeit? Aber der Mensch gewöhnt sich an alles. Immerhin weiß man, woran man ist, und muss sich nicht vor Ewig-Hockenbleibern fürchten.

Bei größeren Festivitäten wiederum gibt es eine andere Besonderheit: Nicht nur ignorieren die Gäste – wie auch bei uns weit verbreitet – die Bitte um Zu- oder Absage, sondern sie sagen zuerst zu, erscheinen dann aber nicht. Oder umgekehrt. Auch das ist gewöhnungsbedürftig. Der Vorteil: Man kann es auch selber so locker halten.

Ganz und gar streng gehandhabt wird jedoch die Bedankung. Ohne schriftliche → **Thank-you-note** ist man unten durch. Aber das ist eine andere Geschichte – und die finden Sie unter **T**...

Entrée

Dass amerikanische Portionen groß sind, wissen wir mittlerweile. Aber wenn schon die – vermeintlichen – Vorspeisen megalomanisch daherkommen, gerät man ins Staunen. Bis einem ein Licht aufgeht: Für die Amerikaner ist das *Entrée* die Hauptspeise – jeglicher sprachlichen Logik zum Trotz. Entrer, (ins Mahl) eintreten, mit dem Schlemmen beginnen.

So würden es die Franzosen sehen – und nach ihrem Vorbild auch andere Völker. Daher ist etwa auch eine Matinée, abgeleitet von matin (Morgen), eine Vormittags-Veranstaltung. Nicht so in den USA: Dort kann sie durchaus erst am frühen Nachmittag beginnen. *Who cares?*

Mit Fremdsprachen hat das Gros der Amerikaner nicht viel am Hut. Man streut halt gern ein bisschen Französisch ein, weil's kosmopolitisch klingt. Zum Beispiel den *Maitre d'* (sprich: mätre die), kurz für *maitre d'hôte*. Wer feine Restaurants frequentiert, bezieht sich frankophil auf diesen. (→ **Wait to be seated**) Aber sonst hält man es in erster Linie mit dem Englischen – für viele Amerikaner die einzige Sprache, die sie beherrschen. Logisch: Entweder haben sie ihre Heimat ohnehin noch nie verlassen, oder man kommt mit Englisch überall durch.

Längerfristig laufen die Amerikaner freilich Gefahr, angesichts der rapiden Zunahme der Latino-Bevölkerung – überspitzt formuliert – sogar im eigenen Land irgendwann einmal nur noch Spanisch zu verstehen. Der derzeitige Präsident George W. Bush lässt zwar gelegentlich den einen oder anderen spanischen Ausdruck fallen, aber sehr weit ist es mit seinen Sprachkenntnissen nicht her. Vor allem dürfte es sich um eine Vorliebe des Texaners für *Tex-Mex-Food* handeln, eine Kreuzung aus Südstaaten-Spezialitäten und mexikanischen Einflüssen. »Buenas Nachos«, zitiert man ihn zynisch. Na, dann gute Nacht!

Eurotrash

Jahre danach schwelgt Andrew immer noch in seinen Erinnerungen an Paris, wo er einst zwei Semester studiert hat. Gern lässt er französische Wörter einfließen – bis wir eines Tages feststellen, dass es mit seinen Französischkenntnissen in Wirklichkeit gar nicht so weit her ist. Aber ein Amerikaner in Paris, in Europa – das ist ein Traum, den man in den USA gern verklärt.

Europa übt auf Amerikaner eine starke Anziehungskraft aus, potenzielle europäische Ehemänner an die Angel zu bekommen hat durchaus seinen Reiz. Der Kontinent jenseits des Atlantik, fern und doch nah, reich an jahrhundertealter Kultur, dabei ein bisschen altmodisch, wenn nicht gar hinten nach.

Die Attraktion ist keinesfalls ungetrübt und, wie in die umgekehrte Richtung auch, mit Klischees und Nichtwissen behaftet. So fragte uns Andrew allen Ernstes, ob wir in Österreich zu grillen verstünden und schon Kühlschränke hätten. Schöne alte Welt.

Wie gesagt, Andrew hat in Frankreich gelebt und ist Akademiker. »Ja, wir gehen in Wien sogar schon aufrecht!«, konterten wir.

Immer wieder wurde mir in den USA ein stark europäisches Aussehen attestiert. Woran sich dieses festmachen lasse, war jedoch nicht wirklich herauszukriegen. An welchen Merkmalen erkennt man es? Bloß weil unsereins nicht entweder im Jogging-Anzug oder – anderes Extrem – total übergestylt herumläuft? Weil die Haare nicht gefärbt sowie geföhnt und die Augenbrauen nicht akkurat gezupft sind?

Als ich mit meiner Schwester einmal durch unsere *neighborhood* auf Erkundungstour fuhr, zeigte sie wahllos auf eine Passantin und meinte, diese sehe europäisch aus. Kein Wunder, handelte es sich schließlich um die Mutter des ORF-Korrespondenten, die ebenfalls gerade in Washington zu Besuch war …

»This is my friend from Europe«, wurde ich von Amerikanern gern vorgestellt. Plötzlich ist man nicht mehr aus Wien oder Österreich, sondern aus Europa. Als ob es ein einheitliches »Land« wäre. Wird mit Franzosen, Italienern, Deutschen in einen Topf geworfen. Ein gewisser Stolz schwang da mit auf die Freundin aus Europa – aber im nächsten Moment fiel auch schon das Wort *Eurotrash*. Eine etwas abfällige Bezeichnung: Euro-Mist, Euro-Kitsch. Da wird ein gewisser *Lifestyle*, eine Attitude kritisiert, das Auftreten mit Adelstiteln etwa, die Begrüßung mit Bussi-Bussi oder das Tragen von Sonnenbrillen – nicht nur gegen die Sonne. Im Kaffeehaus sitzen, Cappuccino schlürfen und warten, bis die Zeit gekommen ist, einen Rotwein aufzureißen.

Eurotrash ist – einigermaßen undefinierbar – irgendwo zwischen *Who gives a shit?* und *Do I look okay?* angesiedelt. Besonders gern wird der Begriff in den Metropolen der Ostküste verwendet, wo sich viele vermögende Europäer an renommierten Universitäten aufhalten. Es werden aber nicht nur Personen oder Gruppen als *Eurotrash* bezeichnet, sondern auch ein Musikgenre und – abfällig – europäische Produkte.

→ Transatlantisches Verhältnis

F

Fat-free

It's a free country, sagt man in den USA stolz. *It's a fat-free country*, möchte die Beobachterin den Spruch erweitern. Natürlich nicht im Hinblick auf die Menschen, denn diese sind alles andere als frei von fett (→ **Obesity**), sondern auf die Produkte, die sie vorzugsweise kaufen.

Auf dem Fließband im Supermarkt zeigt sich dies ganz deutlich: tonnenweise fettarme Chips, Diet-Coke, Magermilch – die gesamte Palette von *low-fat* bis *no-fat*. Davon aber nicht gerade wenig. Vor lauter Light-Produkten werden die Einkaufswagen schwer, welche die Michelin-Männchen und -weibchen zu ihren Autos schieben.

Was fettfrei ist, muss nicht zuckerfrei sein. Aber mit solchen Details gibt man sich hier nicht ab. *Low-fat* gehört zum guten Ton. Selbst die dürre Nachbarin nimmt den Kaffee nur mit *skim milk* und Süßstoff. Sie wird ohnehin immer dünner, aber sei's drum.

Die Dicken indes dick und dicker. Trotz *low-fat*! Tja, könnte es nicht doch auch mit der Menge, besser Unmenge, des Verzehrten zu tun haben oder mit dem Mangel an Bewegung? Die vielen Chips, die die *Couch potatoes* knotzend knabbern, die vielen süßen Getränke – das läppert sich. Und gerade *low-fat* macht oft Lust auf mehr.

Weniger essen wäre die Lösung. Oder einfach der totale Verzicht auf die unnötigen Extras wie Knabbereien und Cola, Sprite etc. Aber *low-fat* ist nun einmal eine lieb gewordene Lebenslüge, der auch die Europäer immer mehr aufsitzen.

Feueralarm

Es ist nur ein Verdacht, ohne dass die tatsächliche Gefahr heruntergespielt werden soll: Anglosachsen haben mehr Angst vor dem Ausbruch eines Feuers als andere Völker. Wie die Briten, sind auch die Amerikaner besessen von *fire-exits* und *fire-doors*. Und der durchschnittliche Feuermelder ist so eingestellt, dass bereits der geringste Anlass einen Alarm auslöst.

In unserem Apartmenthaus war es besonders schlimm. In regelmäßigen Abständen schrillte der Alarm, und die Bewohner strömten aus zehn Stockwerken über die Stiegen ins Freie. Unter ihnen die vielen betagten Bewohner, für die der Abstieg beschwerlich war. Zumal sie das eine oder andere Haustier mitschleppten, obwohl diese in dem Gebäude eigentlich verboten waren. Da lugte schon mal ein Hündchen aus der Handtasche oder ein Wellensittich hinter dem Sakkoaufschlag hervor.

Rekordhalterin im Auslösen des Feueralarms war übrigens meine Wenigkeit. Er ging praktisch jedesmal los, wenn ich mein Backrohr benützte. Und wieder musste der arme Haustechniker Fernandez anrücken, bis ich den Feuermelder eines Tages überklebte. Worauf wahrscheinlich die Todesstrafe steht. Aber wie soll ich den allseits beliebten Strudel backen, wenn ich gleichzeitig, selbst im tiefsten Winter, dauernd frische Luft von draußen hereinfächeln muss?

Man wird ja immer abgebrühter. Nach einiger Zeit ignorierte ein kleiner Kreis der hartgesottenen Nachbarn die Sirene. Zum Glück ist nie etwas passiert …

Fiancé

Wann waren Sie das letzte Mal bei einer Verlobung? Eben. So etwas gibt es bei uns kaum noch. Der/die Verlobte hat ausgedient. Freund, Lebensgefährte, Lebensabschnittspartner/partnerin – das sind in Europa die Vorstufen zur Ehe. Falls es dazu überhaupt kommt.

In den USA indes trifft man allenthalben *Fiancés* an, wobei das Wort natürlich 100-prozentig amerikanisch ausgesprochen wird. Sogar ein 80-Jähriger stellte uns einmal allen Ernstes seine Verlobte vor. Und auch die 94-jährige Dame wird in der Zeitung mit ihrem Fiancé abgebildet, dem sie sich demnächst in dritter Ehe anzutrauen gedenkt.

Nur nicht wundern – auch wenn's uns etwas lächerlich vorkommt. Es hat wohl mit dem amerikanischen Hang zur Beschönigung und der tief verwurzelten Prüderie zu tun: Der (Sexual-) Partner braucht einen ordentlichen Namen.

Auch die Familienverhältnisse dürfen im Land der Freiheit – das so frei eben doch nicht ist – nicht völlig ungeordnet sein. Bei einer alleinerziehenden Frau etwa wird automatisch angenommen, dass sie zumindest einmal verheiratet *war*. Geschieden sein ist okay. Aber sich trotz Mutterschaft gegen die Ehe zu entscheiden? Das ist für Amerikaner nur schwer vorstellbar.

→ **Dating**, → **Love**

Fitness

Fitness wird in den USA groß geschrieben. Jedenfalls von einem Teil der Bevölkerung. Der andere scheint das Wort nicht einmal buchstabieren zu können. Die Sportfanatiker sind indes immer auf Achse und leiden entsetzlich, wenn sie nicht mindestens drei Mal pro Woche zum *workout* kommen.

Als Neuling in Amerika beginnt man selbstverständlich sofort zu joggen (und hört, zurück in Europa, gleich wieder auf), und schreibt sich in ein Fitness-Studio ein. Es gehört einfach zum guten Ton. Sofort wird die nötige Ausrüstung gekauft, von Laufschuhen, die einfach alles können, bis zu gesellschaftsfähigem Turngewand. → **Jogging**

Als mich die Nachbarin – ihres Zeichens 60 Jahre alt – das erste Mal zum *spinning* mitnimmt, glaube ich, nach zehn Minuten auf dem Fahrrad ohnmächtig zu werden. Spinne ich? Auf der Stelle zu treten ist normal – wir radeln schließlich *indoor*. Aber die beherzten Anweisungen des Trainers, denen ich nur mit Mühe folge, machen mich atemlos. Ständig geht es bergauf, dauernd müssen wir die Gänge wechseln. *Keep smiling*. Und neben mir die Nachbarin, ungerührt und, wie es scheint, unangestrengt. Perfektes Make-up, tadellose Frisur (Figur sowieso). Ist das Leben nicht unfair?

Ich geb's offen zu: *Spinning* war ich nur einmal. Ist doch ohnehin eine Schnapsidee, nicht im Freien zu radeln. Auch das stupide Laufband oder der *Cross-trainer*, von denen aus man in ein Magazin oder in die Glotze starrt, sehen mich nicht wieder. Bald ist die Mitgliedschaft im Sportclub Vergangenheit.

Man kann in Amerika auch »dazugehören«, wenn man Yoga macht. Flugs bin ich auf ruhigeren Sport dieser Art umgestiegen. Auch auf Pilates – zu Zeiten, als man dies in Europa noch für einen Tippfehler von Pilatus hielt …

Fourth of July

Man kann den Unabhängigkeitstag auf verschiedene Weise feiern, aber eines steht fest: Gefeiert muss werden! Mit Luftballons, Feuerwerk, Blasmusik, Umzügen, Paraden und Rambazamba aller Art. Und natürlich jeder Menge Essen, Burger, → **Barbecue**.

Als wir unser erstes Jahr in den USA beendet hatten, buchten wir gedankenlos just für den vierten Juli einen Flug nach Europa. Ob wir vollkommen bescheuert seien, staunten da die amerikanischen Freunde. Was wir nicht alles versäumen würden! Zugegeben: Wie spätere Erfahrungen zeigten, entging uns tatsächlich etwas. Andererseits hatte das ungeplante Timing den enormen Vorteil, dass wir den Flughafen und das Flugzeug fast allein für uns hatten …

In den darauffolgenden Jahren machten wir diesen »Fehler« natürlich nicht noch einmal. *Fourth of July* in Washington, auf einer Insel, auf dem eigenen Balkon. Alles ist möglich. »Notfalls« in der amerikanischen Botschaft in Wien …

Tipp!

Auch Touristen sollten sich das Spektakel nicht entgehen lassen. Am besten in der Hauptstadt, wo logischerweise am dicksten aufgetragen wird. Idealerweise kennt man Leute, die an der Pennsylvania Avenue wohnen und Zugang zu einer Dachterasse haben – von dort gibt es den besten Ausblick auf die Feuerwerke.

Sehr nett und »echt« amerikanisch sind aber auch die Feierlichkeiten in einzelnen Bezirken, Grätzln, *neighborhoods*. Bunte Paraden, Picknicks, Kinderspiele – ganze Straßenzüge werden von Autos »gesäubert« und von der festlichen Stimmung erfasst, die automatisch ansteckend wirkt, selbst wenn der überschwängliche Patriotismus der Amerikaner auf Ausländer sonst oft befremdlich wirkt.

Es ist ein riesiges, landesweites Geburtstagsfest. Man feiert die Unabhängigkeit der Vereinigten Staaten von England im Jahr 1776 und quasi den »Spatenstich« für die Demokratie, deren Erfindung sich die Amerikaner auf die Fahnen heften. Obwohl gerade in den Jahren der Regierung George Bush junior unter dem Titel »Krieg gegen den Terrorismus« viele Maßnahmen ergriffen wurden, welche die Hüter von Demokratie und Menschen- wie Bürgerrechten erschauern ließen.

→ Patriotismus, → D.C.

Friends

Freunde sind in den USA schnell gemacht. Zumindest dem Namen nach. Gestern erst kennengelernt – und heute schon: *»This is my friend from Austria«*. Ebenso schnell kann es mit der Freundschaft aber auch wieder vorbei sein. Man verliert sich einfach aus den Augen.

In dieser Hinsicht bestätigt sich durchaus das Vorurteil, dass zwischenmenschliche Beziehungen in Amerika oft oberflächlich sind. Sie müssen es nicht sein – in vielen Fällen geht die Freundschaft in die Tiefe und überdauert räumliche Trennungen –, aber mit der Einstufung als *friend* sind die Amerikaner etwas schneller bei der Hand als unsereins. Was ist eigentlich aus dem guten alten Bekannten, der *acquaintance*, geworden? Dürfte völlig aus der Mode gekommen sein …

→ How are you today?, → Love

Fries & French

French Fries sind immer dabei. Immer mehr sogar: Während eine Portion Pommes frites im Jahr 1955 noch 70 Gramm betrug, sind es heute glatte 200. Es ist die wohl beliebteste Beilage der Amerikaner, die mit reichlich Ketchup und/oder Mayonnaise aufgebessert wird. Nicht wegzudenken aus dem amerikanischen Alltag.

Die Erfindung der *French Fries* schreiben sich die Belgier auf die Fahnen. Sie waren ursprünglich ein preiswertes Arme-Leute-Essen: »Wenn die Gewässer zugefroren sind und das Angeln nur schwer möglich ist, schneiden die Einwohner Kartoffeln in Fischform und frittieren diese dann. Diese Vorgehensweise ist mehr als 100 Jahre alt.«

Die Annahme, dass Pommes frites französischen Ursprungs sind, liegt in den Umständen des Ersten Weltkrieges. Aus Verwirrung über die europäische Kleinstaaten-Geografie bekamen die frittierten Kartoffeln von amerikanischen Soldaten fälschlicherweise den Namen *French Fries*. Die Soldaten nahmen das Rezept mit in die USA, und als ständiger Begleiter von Big Mac & Co. populär geworden, setzte sich diese Bezeichnung im englischsprachigen Raum fast überall durch. Eine Ausnahme ist Großbritannien: Da heißen die Pommes frites *chips*.

Eine Zeitlang wurde die vermeintlich französische Herkunft der Fries allerdings verschleiert, als Paris im Jahr 2003 Washington die Unterstützung im Krieg gegen den Irak verweigerte. Da gab es kein Pardon: Alles, was nur irgendwie nach Frankreich roch, wurde vorübergehend umbenannt. Statt *French Fries* bestellte man nun großspurig *Freedom Fries*, statt *French Toast* ebenfalls *Freedom Toast*. Nur die Mayonnaise hielt sich wacker auf den Speisekarten.

French-bashing, also das Hinhauen auf die Franzosen, erfreute sich eine Zeitlang in den Salons von New York und Washington großer Beliebtheit. So stark war der Ärger über die Franzosen, dass viele sogar Maßnahmen bis hin zum Boykott erwogen. »Trinkst du überhaupt noch Perrier?« Fragen wie diese wurden bei Essenseinladungen gestellt. Französisches Mineralwasser zu schlürfen gehörte nicht zum guten Ton.

Der Kongress überlegte, gegen französische Weine und andere Produkte, wie etwa Parfums, vorzugehen, indem man die verpönten Tropfen mit einem speziellen Etikett versehe. Auch an der Westküste war der Boykott französischen Weines en vogue. Der Hollywood-Autor Michael Levine forderte federführend seine Landsleute auf, so lange keinen französischen Wein »zu kaufen, zu trinken oder zu verschenken«, bis sich die Franzosen wieder von ihrer »politischen Amnesie« erholt haben. Es sei nicht zu entschuldigen, dass sich diese so undankbar für die amerikanische Hilfe im Zweiten Weltkrieg zeigten.

Apropos Zweiter Weltkrieg: Eine republikanische Abgeordnete trat gar dafür ein, man solle die sterblichen Überreste der in

Frankreich oder Belgien gefallenen und begrabenen US-Soldaten in die USA transferieren. Die Gesetzesvorlage war als Option für US-Bürger gedacht, die ihre Angehörigen lieber in den USA wissen wollen als »in einem Land, das uns den Rücken gekehrt hat«.

Überall konnte sich das *French-bashing* freilich nicht durchsetzen. In New Orleans etwa, dessen charmantes »French Quarter« auch nach dem Hurrikan Katrina ein Touristenmagnet ist, trotzte man den Ressentiments gegen die Franzosen und hielt das französische Erbe hoch. »Wird bald auch der French Kiss verschwinden müssen?«, fragte höhnisch eine amerikanische Internet-Zeitschrift.

Vielleicht war es ja eine versteckte sprachliche Rache der Amerikaner an den Franzosen, die so vehement gegen das Eindringen englischer Ausdrücke ankämpfen. Heute sind *French Fries* und Co. natürlich längst auf die Speisekarten zurückgekehrt, die Freedom-Kreationen in Vergessenheit geraten. *French-bashing* gehört der Vergangenheit an.

Führerschein

Wenn man vorhat, für längere Zeit in den USA zu bleiben – und nicht als Diplomat oder sonst ein hohes Tier unter eine Ausnahmeregelung fällt –, muss man den amerikanischen Führerschein machen. Die Anforderungen sind von Bundesstaat zu Bundesstaat höchst unterschiedlich. So genügt etwa in Washington D.C. ein Multiple-Choice-Test am Computer, während man im benachbarten Maryland zusätzlich eine praktische Prüfung und eine dreistündige *Drug & Alcohol Education* absolvieren muss.

Bei letzterer lernten wir gar interessante Dinge. Etwa dass man in voll alkoholisiertem Zustand nicht Auto fahren darf. *Surprise*! Und dass der Erwerb des Führerscheins kein Recht, sondern ein Privileg sei. Dies wurde mit besonderem Nachdruck vermittelt.

»In Ihren Ländern wird es wohl nicht anders sein?«, fragte der Vortragende in meine Richtung, *»or is a blind person allowed to drive in Australia???«*

Hauptsächlich Erwachsene saßen da, Ausländer mit jahrelanger Fahrpraxis, die sich ziemlich langweilten. Der abschließende Test war leicht zu bestehen, und der Vortragende nahm die vermeintliche Australierin freundlicherweise sogar noch zur U-Bahn mit. In einem Höllentempo und seinerseits unangeschnallt. Aber immerhin nicht alkoholisiert …

Der nächste Termin: MVA, *Motor and Vehicle Association*. Einen Nachmittag lang hat man für den Computer-Test gestuckt – wie viele Inches vom Randstein geparkt werden muss etc. Viele Zahlen, viele Maße, doch es ist zu schaffen.

Aber die praktische Prüfung! Du lieber Himmel. Man muss mit dem eigenen Auto erscheinen, dessen Kauf und Versicherung allerdings ohne Besitz eines Führerscheins theoretisch nicht möglich ist. Die Katze beißt sich in den Schwanz. Es hat einige Überredungskünste gekostet, eine befristete Versicherung abzuschließen. Und das neue Auto ist noch überhaupt nicht vertraut.

»You hit the flag, you failed«, schnauzt denn auch prompt die Prüferin, eine unerbittliche Bulldogge. Der Einpark-Versuch zwischen zwei Fahnen ist kläglich gescheitert. Ich flehe um Gnade. Draußen warte mein 16-jähriger Sohn und wolle sich um ein *Learner's Permit* bewerben, eine Art L-Führerschein, den er nur bekommt, wenn die Mutter die Prüfung bestanden hat. Soll sich die Katze doch nicht nochmal in den Schwanz beißen!

Also gut, *try again*. Aber auch die Fahne ist unerbittlich. Die Bulldogge gibt auf. Fahren Sie einfach weiter, knurrt sie. Was ich überhaupt in den USA mache? Aha, Korrespondentin. Und haben Sie schon mit dem Präsidenten gesprochen? Wieder muss ich sie enttäuschen. Schluss jetzt, Sie haben bestanden. *But don't tell anybody!*

Oft und oft habe ich die Geschichte erzählt. Alle amerikanischen Zuhörer waren bass erstaunt. Denn in diesem Land scheint es fast unmöglich, jemanden zu bezirzen. Hier gelten Regeln, und damit basta. *Period*. Mit dem Sohn habe ich unterdessen auf unseren doppelten Erfolg ein Gläschen getrunken. Streng verboten natürlich. *Underage drinking*. Hat die *Drug & Alcohol Education* also gar nichts gefruchtet!

→ Alkohol, → Car

G

Gallon & Co

Meilen, Fahrenheit, ounces, inches, gallons – der Europäer fühlt sich von den amerikanischen Maßeinheiten anfangs heillos überfordert. Am wichtigsten – zum Tanken – ist wohl die Gallone. Sie entspricht 3,785 Liter. (Auch Orangensaft und Milch lässt sich nicht nur liter-, sondern auch gallonenweise erwerben.) Während man bei uns den Benzinverbrauch in Liter pro 100 Kilometer misst, wird in den USA berechnet, wie viele Meilen ein Auto pro Gallone zurücklegt. Je größer also die Zahl, umso verbrauchsärmer das Fahrzeug. Um Meilen in Kilometer umzurechnen, multipliziert man über den Daumen mit 1,5 (obwohl es genaugenommen 1,61 ist).

Als ähnlich wichtig – und Verwirrung stiftend – erweisen sich für Touristen auch Temperaturangaben. Wer kann schon etwas mit Fahrenheit anfangen? Die Umrechnungsformel auf Celsius lautet: Fahrenheit minus 32, dividiert durch 1,8. Für Mathematikmuffel ein paar Beispiele: 86 Grad Fahrenheit entsprechen 30 Grad Celsius, 50 °F sind 10 °C, 32 °F 0 °C.

Sich mit einer genauen Umrechnungstabelle auszustatten empfiehlt sich auch für in den USA sesshafte Ausländer, falls sie gelegentlich ihr Backrohr benützen wollen. Für die Dosierung von Zutaten muss man sich überdies auf *ounces*, *pounds* etc. verstehen. Zum Glück ist die Butter auf der Verpackung bereits in *ounces* eingeteilt, und angenehmerweise operieren die meisten amerikanischen Rezepte bei Mehl, Zucker etc. mit *cups*. Diese muss man nicht tatsächlich mit Tassen abmessen, sondern man legt sich ein Küchenmaß mit *cup*-Markierungen zu. Waage ade! So ist es einfach viel praktischer. Falls die bequeme Köchin nicht überhaupt eine der beliebten Backmischungen verwendet.

Feet, yards, acres – am besten, man denkt nicht allzu viel darüber nach, solange die Maßeinheiten in der Praxis nicht vonnöten sind. Die Amerikaner hängen nun einmal an ihnen. Als die Firma Shell einst versuchte, Benzin literweise zu verkaufen, wurde dies mit einem Käuferstreik quittiert. Seaver Leslie, Begründer der amerikanischen Anti-Meter-Bewegung, bezeichnete den Meter gar als »durch und durch unmoralische Größe«. Versuche, Amerika zu metrifizieren, wertet er als Angriff auf die Sitten, Gebräuche und Traditionen des Landes. Entsprechend scheiterte zuletzt auch der frühere Präsident Bill Clinton mit seinen Ambitionen, Amerika neu zu vermessen.

Glück, Optimismus und der amerikanische Traum

Jeder Amerikaner, jede Amerikanerin hat das »Recht auf Glück«. Immer wieder wird bei Vorträgen, bei Veranstaltungen und in Diskussionen auf diese amerikanische Besonderheit Bezug genommen. Es ist natürlich kein verfassungsmäßig garantiertes Recht, das die Bürger einfordern können. Sie haben also nicht die Möglichkeit, sich auf dem Amt zu beschweren, weil ihnen das Glück abhold ist, und die ihnen zustehende »Portion« zu verlangen.

Aber immerhin steht in der amerikanischen Unabhängigkeitserklärung geschrieben: *Life, liberty and the pursuit of happiness*. Das dreiteilige Motto will freilich genau gelesen werden: *pursuit of happiness*, Streben nach Glück. Wer will einem verbieten, nach etwas zu streben? Wünschen darf man sich alles, pflegte mein Vater immer zu sagen. Unausgesprochener Nachsatz: Ob man es bekommt, ist eine andere Frage.

Die berühmte Phrase basiert auf einem ähnlichen Naturrechts-Konzept, das der englische Philosoph John Locke formuliert hatte: *life, liberty and estate*. Niemand sollte andere in ihrem Leben, ihrer Gesundheit, Freiheit und ihrem Besitz schädigen. Der schottische Philosoph und Ökonom Adam Smith schrieb dann, darauf basierend: *life, liberty and the pursuit of property*. Ähnlich auch, im weiteren Sinn, das Motto der Franzosen: *liberté, égalité, fraternité* oder das der Kanadier: *peace, order and good governance*.

Das Streben nach Glück, wie es sich die Amerikaner auf die Fahnen heften, schlägt sich in einer gewissen Grundhaltung nieder, die im amerikanischen Alltag durchaus spürbar ist. Alles ist möglich, alles erreichbar – diese Einstellung wird vom Großteil der Amerikaner gelebt. Statt zu jammern oder (über die Versäumnisse des Staates) zu klagen, packen sie an, nehmen ihr Schicksal in die eigenen Hände und sind bereit, Risiken einzugehen.

Eigenverantwortung wird in den USA groß geschrieben. Jeder ist – im Land der unbegrenzten Möglichkeiten – seines Glückes Schmied. Der Staat übernimmt dabei eine relativ geringe Rolle. Die zu zahlenden Steuern sind folglich vergleichsweise gering, die Regulierung schwach, der Wettbewerb intensiv, die Krankenversicherung nicht verpflichtend – und somit alles andere als flächendeckend, das soziale Netz ist grobmaschig. Der Einzelne wird angehalten, selber vorzusorgen.

Im Vergleich dazu haben viele Europäer keine Vorstellung davon, wie gut sie abgesichert sind. Wer in Amerika gelebt hat, wird danach vom hierzulande verbreiteten Gejammere und Pessimismus genervt sein. In unseren Breitengraden scheinen die Menschen von ihrer Mentalität her viel mehr einen *Anspruch* auf Glück einzufordern, als dass sie sich fleißig und zielorientiert dem *Streben* nach Glück verschreiben. *To get things done* ist typisch amerikanisch.

Umgekehrt darf der *American Dream* nicht verherrlicht werden. Der Aufstieg vom Tellerwäscher zum Millionär wird als Mythos gern überstrapaziert – denn was theoretisch möglich ist, passiert in der Praxis nicht gar so oft. Trotz der viel zitierten prinzipiellen Chancengleichheit ist die amerikanische Gesellschaft höchst »ungleich«, die Kluft zwischen Arm und Reich groß.

Vor allem die Mittelklasse fühlt sich von den wirtschaftlichen Auswirkungen des amerikanischen Modells bedroht, obwohl dieses dem Land insgesamt schnelles Wachstum, niedrige Arbeitslosigkeit und fette Profite beschert. (Gerade *white-collar-jobs* können leicht einem *Outsourcing* zum Opfer fallen.)

Die Aufteilung des Kuchens erfolgt nicht gerecht. Und die Sichtweise – vor allem von außen –, dass sich die USA zu wenig um ihre arme Bevölkerung kümmern, schien sich zuletzt durch die Ereignisse rund um den Hurrikan Katrina zu bestätigen. An der Basis der Arbeitswelt herrscht nicht die Angst, dass Jobs exportiert, sondern Billigarbeiter »importiert« werden. Das Thema Einwanderung wird in diesem Zusammenhang heftig diskutiert und politisch ausgeschlachtet.

Der amerikanische Kapitalismus, der Liberalismus in der Wirtschaft, hat wie überall seine Kehrseiten. Eine Meritokratie könne nur funktionieren, wenn sie fair sei, mahnte jüngst die Zeitschrift *Economist* und pochte auf Verbesserungen und mehr Chancengleichheit im Bildungswesen sowie Reformen des Sozial- und Pensionssystems.

Zugleich scheint allein das *Ideal* eines guten Lebens für jedermann die amerikanische Bevölkerung in gewisser Weise zu »beruhigen«, selbst wenn es sich letztendlich im individuellen Fall nicht erfüllen mag. Bereits das Wissen um die theoretisch unbegrenzten Möglichkeiten lässt die konkrete Lebenssituation und die rauen Seiten der dynamischen Wirtschaft offensichtlich leichter erträglich erscheinen.

Der kollektive *American Dream* hat die USA zum stärksten Magneten für Immigranten gemacht. Aber natürlich war der Beginn des neuen Lebens nicht immer so rosig wie erwartet. Nicht jeder Emigrant ein tüchtiger Selfmademan. »Wer noch nie in Amerika war«, schreibt Robert Louis Stevenson, Autor der »Schatzinsel« und von »Dr. Jekyll and Mr. Hyde«, in seinem Buch über die Emigration, »weiß nichts von der … puritanischen Bitterkeit, der zügellosen, schäbigen Gier nach Dollars oder dem öden Dasein in den Kleinstädten auf dem Lande«. Auch das ist der amerikanische (Alp-)Traum, damals wie heute. (Emigrant aus Leidenschaft. Ein literarischer Reisebericht. Manesse Verlag)

Greyhound

»Grauen Hund« nennen wir ihn liebevoll, und er ist eindeutig das billigste Fortbewegungsmittel in den USA. Eine Reise mit dem *Greyhound* gehört unbedingt zur amerikanischen Erfahrung. Trotz Auto, trotz preiswerter Flüge und komfortabler (allerdings weniger billiger) Züge. So lässt sich das Land langsam und langwierig er-fahren und in seiner gesamten Größe erfassen. Allein die Busstationen zum Ein-, Um- und Aussteigen sind es wert. Hier sieht man das wahre Leben, echte, auch einfache Menschen. Arme Viertel, in denen man versucht ist, sich ein bisschen zu fürchten. Aber auch das gehört dazu.

Tipp!

Tatsächlich hat der Bus seinen Namen von einem englischen Jagd- und Rennhund, der mit langen Beinen und aerodynamischer Gestalt Geschwindigkeiten von bis zu 72 km/h erreicht. Auf jedem *Greyhound*-Bus ist ein solcher langgestreckter Sprinter abgebildet.

Der *Greyhound* ist das größte Busunternehmen in Nordamerika, das 2200 Destinationen ansteuert. Gegründet wurde es 1914 in Minnesota – von dem gebürtigen Schweden Carl Wickman, der Eisen- und Minenarbeiter für 15 Cent pro Fahrt von und zur Arbeit transportierte. Aus der *Greyhound Corporation* gingen die *Greyhound Lines* hervor, die sich heute mehrheitlich in kanadischer Hand befinden.

Vor allem in den 20er und 30er Jahren des vorigen Jahrhunderts hatte das Unternehmen enorm expandiert, später ging es als Folge des Ausbaus der Autobahnen und der Zunahme des Individualverkehrs bergab. In den letzten Jahren mussten einige Strecken gestrichen und Stationen vor allem in ländlichen Gegenden geschlossen werden.

Dennoch: Mit dem *Greyhound* kommt man immer noch fast überall hin. Leider fehlt oft die Zeit, sich auf das lange Reise-Abenteuer einzulassen, und es wäre übertrieben, die endlosen Fahrten als bequem zu bezeichnen. Aber schon bei kürzeren Strecken lohnt es sich: Zwischen Washington und New York etwa ist der *Greyhound* ein durchaus probates Fortbewegungsmittel. Der Flugzeug-Shuttle zwischen den beiden Städten, den vor allem Geschäftsreisende und Politiker nützen, kostet 200 Dollar pro Strecke, der Zug variiert je nach Schnelligkeit zwischen 80 und 140 Dollar, der *Greyhound* – 40 Dollar. *Low budget*, aber kaum ein höherer Zeitaufwand. Einmal muss man mit dem grauen Hund unterwegs gewesen sein!

Ground beef

Dem *ground beef* begegnet man in den USA auf jeder durchschnittlichen Speisekarte. Die längste Zeit war ich in dem Glauben, dass es sich dabei um eine bodenständige Speise im wörtlichen Sinn handle: um Fleisch von *Rindern aus Bodenhaltung*. Zugegeben: Oft denkt man einfach zu wenig nach. Hühnerfarmen kamen in den Sinn, Eier, satte grüne Wiesen, zottelige Hoch*land*rinder. Es dauerte eine Weile, bis mich Freunde auf den *grund*legenden

Irrtum aufmerksam machten. »Bodenhaltung – was sonst? Hast du etwa schon einmal fliegende Rinder gesehen?« Tja, stimmt eigentlich. Außer der Assoziation mit Red Bull, jenem österreichischen Powerdrink, der laut Werbung Flügel verleiht, sind Rinder höchst selten in der Luft anzutreffen.

Ground leitet sich in diesem Fall vielmehr vom Zeitwort *to grind* ab, das soviel heißt wie: faschieren, mahlen, reiben. Ground beef ist also nichts anderes als – simply – Faschiertes, Hackfleisch. Auch *ground coffee* wird nicht vom Boden geerntet wie Erdäpfel (die freilich gut zum *ground beef* passen, am besten *mashed* – als Püree), sondern bloß in die Kaffeemühle gesteckt. Man lernt eben nie aus. Und die amerikanischen Freunde machen sich heute noch über mich lustig!

Banale Irrtümer wie dieser passieren aber häufiger, als man denkt, und auch in die umgekehrte Richtung. Etwa wenn Amerikaner- (oder andere Ausländerinnen) im deutschsprachigen Raum zum Gynäkologen gehen. Sie dürfe nun drei Wochen nicht reisen, erzählt die Dame ihrem Mann nach dem Arzttermin; eine andere glaubte, nicht mit den Öffis fahren zu dürfen.

Was hatte der Frauenarzt wirklich gesagt? Drei Wochen lang kein Verkehr …

H

Hallo, hier spricht der Präsident

Unwillig hebe ich ab, als das Telefon klingelt. Wahrscheinlich wieder einer dieser lästigen → **phone solicitors**, die einem ständig irgendetwas andrehen wollen. Aber nein – es ist ein Anruf von höchster Stelle: Hallo, hier spricht der Präsident! Sofort stehe ich stramm und will ehrfürchtig grüßen, aber da spricht die allzu bekannte Stimme schon weiter. Es ist geradezu ein Wortschwall – in eigener Sache. Die Aktion mutet durch und durch amerikanisch an: Volksnähe, zumindest vermeintliche. Wahlkampf, der auf den einzelnen Bürger abzielt.

Der Präsident steht zur Wiederwahl an und ist durch Zufall bei mir gelandet, einer ausländischen Nicht-Wählerin. Was ihn aber keineswegs einbremst: Ausführlich listet er die Erfolge seiner ersten Amtszeit auf und erklärt, warum ihm gerade meine Stimme so besonders wichtig sei.

Es ist mein erstes – und einziges – Gespräch mit George W. Bush. Ein sehr einseitiges wohlgemerkt, denn ich komme nicht zu Wort, obwohl ich den vermeintlichen Erfolgen einige Kritik entgegenzusetzen hätte. Notgedrungen bin ich *all ears* – im Gegensatz zum Anrufer.

Bald wird klar, dass ich nicht George W. Bush leibhaftig am Rohr habe, sondern eine Tonbandaufnahme, die man mir per

Telefon vorspielt. Aber nicht mit mir! Unwirsch lege ich auf, unterbreche den mächtigsten Mann der Welt mitten im Satz. Bin von mir selber beeindruckt. Haben *Sie* vielleicht schon einmal dem amerikanischen Präsidenten den Hörer hingeknallt?

Halloween

Da es mittlerweile auch in unseren Breitengraden üblich ist, Halloween zu begehen, müssen wir uns nicht allzu lang damit aufhalten. Die Accessoires sind bekannt: ausgehöhlte Kürbisse mit ausgeschnittenen Fratzen, von innen beleuchtet. Gespenster, Fledermäuse, Vogelscheuchen, Kostüme, gruseliger Schnickschnack. Dem Dekorationswahn sind keine Grenzen gesetzt.

Das Fest soll keltischen Ursprungs sein, läutet die dunkle Jahreszeit ein und ist zugleich den Verstorbenen gewidmet. Wenn deren Seelen an diesem Tag auf die Erde zurückkehren, gilt es, Magie zu praktizieren und Opfer zu bringen, um böse Geister zu besänftigen. Eine Verkürzung von *All-Hallow's-Eve*, bezeichnet Halloween den Abend vor Allerheiligen.

Während der Brauch jedoch bei uns relativ neu und daher irgendwie unpassend wirkt (wozu brauchen wir außerdem einen zweiten »Fasching«?), ist er in den USA althergebracht und authentisch. Im Vorfeld wird man zu *carving-parties* geladen, bei denen mit speziellen Geräten, eventuell nach Schablonen kunstvolle Muster in die Kürbisse geschnitzt werden. Deren »Innenleben« sorgt danach noch tagelang für Suppe und Gemüse.

Am Halloween-Tag selbst, dem 31. Oktober, ziehen die kostümierten Kinder – mit oder ohne Begleitung – von Haus zu Haus, zwecks *trick or treat*, am besten übersetzt mit »Süßes, sonst gibt's Saures«. Sie häufen Naschereien auf, bevor sie wieder abziehen. Früher waren selbstgebackene *cookies* die Regel, mit denen freundliche Nachbarn schon bereit standen, aber seit vor einigen

Jahren angeblich in Keksen oder einem Apfel eine Rasierklinge versteckt war, werden abgepackte Spezereien bevorzugt. Die typisch amerikanische Paranoia …

Tipp!

Für Erwachsene ist das Nette an dem Umzug, dass man in die verschiedensten Häuser hineinschnuppern kann, Einrichtung und Bewohner erspäht und zum Plaudern kommt. Für Wahlamerikaner oder Touristen eine nette Möglichkeit, ein bisschen *real life* aus der Nähe zu sehen. Und sich davon zu überzeugen, wie abrupt die Grenzen zwischen unterschiedlichen *neighborhoods* verlaufen, zwischen bescheidenen, einstöckigen Häusern aus den Fünfziger Jahren und modernen Protzvillen.

Den Kindern ist das indes herzlich egal. Die Menge der Süßigkeiten zählt.

Heimweh

Während eines längeren Amerika-Aufenthalts wird Ihnen so manches abgehen. Wirklich guter Kaffee natürlich (siehe →**Decaf**). Weiters Wasser, das man einfach aus der Leitung trinkt. In den USA muss man es in Flaschen oder größeren Behältern kaufen bzw., wenn schon aus der Leitung, in speziellen Kannen filtern. Danach schmeckt es aber immer noch nach Chlor. Ebenso wie jenes, das man in Restaurants serviert bekommt, angereichert mit Eiswürfeln, die möglicherweise auch ihrerseits einen Chlor-Beigeschmack haben.

Außerdem knackiges Schwarzbrot. Es gibt zwar heutzutage diverse Sorten von dunklem Brot mit allerlei firle-*fancy* Namen, aber: außen hui, innen pfui. Also, *pfui* ist vielleicht zu dick aufgetragen, denn das Brot schmeckt ja nicht übel. Aber eben doch viel zu weich, nicht knusprig.

In der Heimat muss dann immer gleich ein Kornspitz her. Oder mehrere. Ein Ausflug zum Würstelstand hat oberste Priorität.

Und natürlich ins Kaffeehaus. Wo man – vom Kaffeegenuss einmal abgesehen – auch gemütlich sitzt, und sei es stundenlang bei einem Glas Wasser. Nicht wie in einer Krankenhauskantine oder in einem Bahnhofsespresso. Keine Kaffeehauskette, wo alles gleich ausschaut, sondern ein individueller Rahmen mit möglichst dichten Rauchschwaden. Vorläufig jedenfalls noch. Die ubiquitären Rauchverbote erreichen allmählich ja auch Europa.

Was ebenfalls fehlt – von einigen Ausnahmen à la New York abgesehen –, ist die Möglichkeit, sich in Städten mit öffentlichen Verkehrsmitteln und zu Fuß fortzubewegen.

Holidays

In den USA versteht man unter *holidays* nicht so sehr Urlaub oder Ferien – dafür ist der Ausdruck *vacation* gebräuchlich –, sondern gesetzliche Feiertage. Üblicherweise sind sie seit einer Entscheidung von Richard Nixon aus dem Jahr 1971 am Montag angesetzt, damit die Bewohner des ohnehin urlaubskargen Landes ein langes Wochenende zur Verfügung haben. Fast jeder *holiday* liefert natürlich auch den Vorwand für einen entsprechenden *Sale*.

Der 1. Jänner ist wie bei uns Neujahr, der dritte Montag im Februar *President's Day* (Washingtons Geburtstag), Ostern fällt, wie es fällt, der letzte Montag im Mai ist *Memorial Day* (zum Gedenken an die gefallenen Soldaten). Am 4. Juli folgt der *Independence Day* (egal, auf welchen Wochentag er fällt), am 1. Montag im September *Labor Day*, am zweiten Montag im *November Veterans Day*.

Am vierten Donnerstag im November wird *Thanksgiving* gefeiert und am 25. Dezember *Christmas*. *Martin Luther King Day* (dritter Montag im Jänner) und *Columbus Day* (zweiter Montag im Oktober) werden nicht in allen Bundesstaaten begangen.

Sollten Neujahr, der Unabhängigkeitstag oder Weihnachten auf einen Sonntag fallen, dann ist der Tag danach ebenfalls ein Feiertag. Ist es hingegen ein Samstag, dann wird der Tag davor zum Feiertag. Regierungsstellen und Ämter, einschließlich der Postämter, sind an allen gesetzlichen Feiertagen geschlossen. Schulen und Geschäfte bleiben an den Hauptfeiertagen wie *Independence Day* und Weihnachten geschlossen, aber nicht unbedingt an Tagen wie *President's* oder *Veterans Day*.

→ Fourth of July, → Halloween, → Thanksgiving, → Valentine

How are you today?

Von zu Hause ist man es nicht gewohnt, mehrmals täglich nach dem eigenen Befinden gefragt zu werden. Vom *Doorman* über die Kassierin im Supermarkt bis zum Buschauffeur und dem Kellner – alle wollen sie wissen, wie es mir geht. Natürlich nicht nur von mir, sondern auch von allen anderen. *Not bad at all*, antworte ich fröhlich und fühle mich geschmeichelt. Gut aufgehoben.

Dass die Floskel wie eine rhetorische Frage einem nach dem anderen entgegen geworfen wird, tun Europäer gern abfällig als *oberflächlich* ab. Ganz allgemein kritisieren sie die Pseudo-Freundlichkeit der Amerikaner, in der sie eine reine Fassade sehen. Echte Freundschaften könne man mit Amerikanern nur schwer schließen, lautet das gängige Vorurteil.

Es entbehrt jedoch der Grundlage. Mit Amerikanern engen Kontakt zu schließen, ist durchaus möglich. Aufforderungen wie »Sie müssen uns einmal besuchen kommen« darf man ruhig ernst nehmen. Umgekehrt vergleiche man das bei uns übliche »Wir rufen uns zusammen«, »Wir sollten uns unbedingt sehen« – Worte, denen genau so oft keine Taten folgen.

In vier Jahren Amerika haben wir viele gute Freunde gefunden und die allgegenwärtige Freundlichkeit der Menschen sehr genossen. Man kommt leicht ins Gespräch, auch wenn bei einer flüchtigen Begegnung logischerweise nur *small talk* ausgetauscht wird. Und wer will schon mit der Supermarkt-Kassierin oder dem Kellner eine enge Freundschaft schließen? Der ausgezeichnete Service, der zuvorkommende Ton ist allemal angenehm.

Aber wappnen Sie sich für die Rückkehr nach Europa: Da muss man wieder dreimal nach dem Ober rufen, bis dieser sich zur Bedienung bequemt, oder ist – etwa auf dem Postamt – mit einem gähnenden Beamten konfrontiert, der einem den Schalter vor der Nase zusperrt (Mittagspause!).

Dass mich die Verkäuferin in einem Kleidergeschäft *Honey* nennt, darauf kann ich in Wien lang warten!

Humor auf Amerikanisch

Mit dem Humor ist es in Amerika so eine Sache. Er ist nämlich *anders*. Ganz anders. Was nicht heißen soll, dass die Amerikaner humorlos sind. Aber Vorsicht ist geboten: Mit gewissen Schmähs kommt man nicht gut an und schon gar nicht durch.

Bei der Einreise etwa: Der Beamte fragt den Begleiter, was er von Beruf sei. »Chemiker«, antwortet der. »Gefährlicher Beruf, nicht wahr?«, ergänze ich im Scherz. »Bombenbauen und so.« Hihi. Der Beamte findet das gar nicht lustig. Aber schon überhaupt nicht! Verzieht keine Miene. »Was wollen Sie damit sagen?«, will er wissen. Überlegt sichtlich, ob er uns in einen Extraraum abführen soll, zur genaueren Befragung potenzieller Terroristen. Oder gleich Handschellen?

Ähnlich beim Falschparken. Jemanden am Flughafen abholen und kurz vor dem Eingang stehen bleiben. Groß und deutlich steht dort angeschrieben: Parken und Halten verboten. Aber es ist ja nur für einen Moment. Schon taucht strengen Blickes ein Ordnungshüter auf.

Unsereins probiert es mit der in der Heimat bewährten *Flucht nach vorn* plus Augenaufschlag. »Ja ja, ich weiß, dass man hier nicht stehen bleiben darf, aber ich bin in einer Minute wieder weg.« Für den Amerikaner unverständlich: »Wenn Sie *wissen*, dass es verboten ist, wieso tun Sie's dann? Ich stelle Ihnen gleich einen Strafzettel aus.« Unwissenheit wäre als Argument eventuell akzeptiert worden, keinesfalls aber das bewusste Übertreten von Regeln.

Ein drittes Beispiel: In der *Library of Congress* in Washington wird man nicht nur *vor*, sondern auch *nach* dem Besuch durchleuchtet und gefilzt. Die dortigen Schätze, darunter eine Gutenberg-Bibel, werden eben besonders geschützt. Wehe dem, der am Ausgang den halblustigen Scherz wagt, dass die Gutenberg-Bibel für seine Tasche ohnehin zu groß sei und er daher von der Idee, sie mitgehen zu lassen, wieder Abstand genommen habe.

Ironie ist das, was viele Amerikaner nicht verstehen. Oder in bestimmten »ernsten« Situationen zumindest für völlig unangebracht halten. Da muss sich der Europäer entsprechend umstellen, wenn er nicht anecken will. Dafür wird er immer wieder auf Amerikaner treffen, die mit ihrem trockenen Humor durchaus amüsante Partner zum Scherzen sind.

I

Ice cubes

Es ist eine der ersten Erfahrungen, die jeder in Amerika macht: Ohne Eis geht gar nichts. Man bestellt ein Getränk – und bekommt Eiswürfel, mit ein bisschen Getränk. Oft nehmen die Eiswürfel die Hälfte des Glases ein. Bis sie schmelzen und den Trunk verwässern. In Kombination mit der allgegenwärtigen Klimaanlage wird der Restaurantbesuch somit zum frostigen Vergnügen.

Selbst im tiefsten Winter, bei Eiseskälte sind *Ice cubes* immer mit von der Partie. Ob es sich nun um normales Wasser, ein alkoholfreies Getränk – der beliebte Eistee wird doppelt geeist – oder um einen Drink handelt (*on the rocks*).

No ice!, muss man dem Kellner nachdrücklich und vorsorglich zurufen, wenn man keine besondere Sympathie für Eiswürfel hegt. Und stößt damit auf völliges Unverständnis.

Auch in privaten Haushalten führt kein Weg am Eis vorbei. Sogar heißer Tee wird gelegentlich mit Eiswürfeln serviert (schmeckt übrigens sehr gut!). Kaum ein Kühlschrank, der nicht eine automatische Eismaschine eingebaut hätte. Solche stehen auch in Hotels in jedem Stockwerk. Allzeit bereit. Schon kullern die Würfel heraus, es knattert und kracht. Für Neuankömmlinge in den USA oder (jugendliche) Besucher aus Europa eine Art »Lieblingsbeschäftigung«, der sie sich endlos widmen können.

Nur der Weißwein ist aus rätselhaften Gründen immer zu warm. Das ist der Moment, wo unsereins nach Eiswürfeln schreit. Und natürlich erst recht auf Unverständnis stößt. Plopp, lässt man sie ins Weinglas fallen. Stillos, mag sein, aber notwendig.

ID

Ohne *ID*, einen gültigen Ausweis, ist man in Amerika kein Mensch. Als *Identification* wird üblicherweise der Führerschein verwendet. Im handlichen Kreditkarten-Format immer dabei und häufig gezückt. Junge Leute unter 21 Jahren sind auf dem Foto sicherheitshalber von der Seite aufgenommen, wie auf dem Steckbrief eines Verbrechers. So sieht der Kellner schon auf drei Meter Entfernung, dass die betreffende Person keinen → **Alkohol** ausgeschenkt bekommen darf. Vorausgesetzt, dass sie ihm nicht von vornherein eine *Fake-ID*, also einen gefälschten Ausweis präsentiert hat.

Sich auszuweisen ist quasi ein Volkssport. In fortgeschrittenem Alter freut man sich natürlich, wenn vor dem Alkoholkonsum immer noch eine *ID* verlangt wird. Midlife-Crisis Ade! Obwohl die Ausweisekontrolle angesichts von Falten und grauen Haaren reichlich absurd erscheint. Passiert aber regelmäßig sogar Über-60-Jährigen.

Auch ohne *social security number* ist man in Amerika kein Mensch. Ständig muss selbst der Wahlamerikaner seine Sozialversicherungsnummer angeben, obwohl er das Pensionsalter höchstwahrscheinlich nicht in den Vereinigten Staaten erreichen wird. Zahlen über Zahlen, die man sich einprägen und ständig wiederkäuen muss. Aber Bürokratie muss sein. Auch, ja besonders in Amerika. In dem Land, wo angeblich alles so unkompliziert abläuft, ist dies eine der ersten großen Überraschungen für Neuankömmlinge.

USA-Reisende kümmert dies freilich kaum. Sie kommen gewöhnlich mit ihrem Pass oder dem Führerschein über die Runden. Oder einer Übersetzung des letzteren, wie man sie bei den Autofahrerclubs erhält. Auf häufige Kontrollen müssen sie sich aber gefasst machen.

Immigration

Immigration heißt in den USA zweierlei: sowohl *Einreise* als auch *Einwanderung*. So frei man sich dann im Land selbst bewegen kann (außer auf Flughäfen natürlich), so mühevoll gestaltet sich üblicherweise die Einreise. Der Tourist oder »Einwanderer auf Zeit« ist den immigration officers auf Gedeih und Verderb ausgeliefert. Zuvor müssen aber noch lange Schlangen durchgestanden und die richtigen Formulare ausgefüllt werden.

Diese enthalten skurrile Fragen – wie etwa, ob man sich in letzter Zeit auf einem Bauernhof aufgehalten, ob man irgendwelche Lebensmittel im Gepäck hat oder ein Attentat auf den US-Präsidenten plant. Es empfiehlt sich, auf jeden Fall überall Nein anzukreuzen. Vor allem bei der letztgenannten Frage, aber wer würde geheime Anschlagspläne schon zugeben?

Endlich ist man zum Einreisebeamten vorgedrungen: Bleibt zu hoffen, dass er gute Laune hat. Auf keinen Fall Späßchen wagen oder auch nur charmant zu sein versuchen! (→ **Humor**) Nüchtern bleiben, Fragen beantworten, das Beste hoffen. Gegen das »Verhör«, was man in den USA verloren habe, wo man wohnen werde etc., ist die Inquisition wohl eine Lappalie. Je harmloser Sie auszusehen glauben, umso terrorismus-verdächtiger wirken Sie möglicherweise auf den Beamten.

Und er hat alle Macht der Neuen Welt. Wenn es ihm gefällt, schickt er Sie im nächsten Flugzeug wieder zurück oder verkürzt Ihr tadelloses Visum auf die Hälfte. Wenn Sie ihm dann mit den nötigen Papieren vor der Nase wedeln, sagt er: *»I don't need no paperwork.«* Alles schon dagewesen. Für viele Neuankömmlinge ein Schock.

Das Thema Einwanderung wiederum ist ein Dauerbrenner in den USA. Zuletzt flammte die Debatte im Frühjahr 2006 auf, als es um die geplante Immigrationsreform ging – das Hauptthema der Kongresswahlen im November. Das Land ist in der Einwanderungsfrage tief gespalten, die Fronten laufen quer durch die Parteien. In vielen Städten demonstrierten Millionen legaler und illegaler Einwanderer für mehr Rechte.

Auch im Einwanderungsland USA, wo 35 Millionen der 300 Millionen Bürger als Immigranten gelten, gibt es erhebliche Ängste um Arbeitsplätze oder vor Überfremdung. Allerdings hat die boomende US-Wirtschaft ein großes Interesse am Heer der Illegalen als besonders billige Arbeitskräfte. Jedes Jahr nimmt die Grenzpolizei etwa 1,2 Millionen Menschen beim Versuch fest, unerlaubt in die USA zu kommen. Nach Schätzungen schaffen es aber jährlich mehr als 500.000 Personen. Mindestens zwölf Millionen Menschen leben illegal in den Vereinigten Staaten.

Mehr als die Hälfte davon stammt einer Schätzung des Pew Hispanic Center zufolge aus Mexiko. Viele arbeiten als Saisonarbeiter in der Landwirtschaft, auf dem Bau, in Tourismusgebieten oder Pflegediensten. Die meisten der illegal eingereisten Menschen – 2,5 bis 2,75 Millionen – leben in Kalifornien. Texas hat mit bis zu 1,6 Millionen die zweitgrößte Gemeinde.

Illegal Eingewanderte verursachen im den Vereinigten Staaten jährlich 20 Milliarden Dollar Kosten in den Bereichen Ausbildung, Gesundheitsversorgung und anderen öffentlichen Diensten. Andererseits tragen sie mehr als 7 Milliarden Dollar an Steuerbeiträgen für die Rentensozialversicherung bei, die sie niemals in Anspruch nehmen werden.

Die Vorschläge des Repräsentantenhauses zur Immigrationsreform sehen vor, dass die 3200 Kilometer lange Grenze der USA zu Mexiko stärker gesichert wird, unter anderem durch eine mehr als tausend Kilometer lange Mauer und die – mittlerweile bereits dorthin entsandte – Nationalgarde. Zudem sollen die illegale Einwanderung als Verbrechen eingestuft und Arbeitgeber illegal Eingewanderter bestraft werden.

Ein von US-Präsident George W. Bush ausgearbeiteter Vorschlag eines Gastarbeiterprogramms und die Legalisierung des Aufenthaltsstatus von sieben Millionen Menschen ist im Kongress umstritten, wobei die Kammern in ihren Vorstellungen weit auseinander liegen. Generell gibt es bei den Republikanern starke Widerstände gegen Lösungen, die nach ihrer Ansicht auf eine Amnestie für die Illegalen hinauslaufen.

Präsident Bush hält eine Abschiebung von Millionen Illegaler aber weder für klug noch für realistisch. Ihm schwebt vor, dass sie die amerikanische Staatsbürgerschaft erhalten, wenn sie mehrere Jahre in den USA gearbeitet und dann eine Strafe sowie Steuern nachbezahlt haben. Außerdem dürften sie keine Gesetze gebrochen haben und müssten Englisch lernen.

Zuletzt wurde die Debatte durch das Aufkommen einer spanischen Version der Nationalhymne noch verschärft; Bush wandte sich entschieden dagegen.

Sein Reformvorschlag wird von der Wirtschaft unterstützt, weil viele Einwanderer Arbeit annehmen, die US-Bürger ausschlagen. Arbeitnehmervertreter warnen aber vor einem Programm, das nicht gleichzeitig den Weg zu einem ständigen Aufenthalt ebnet und damit möglicherweise eine benachteiligte Schicht von Arbeitern schafft.

Zwei wichtige Zielgruppen hat Bush im Visier: Zum einen will er die wachsende Zahl der → **Latinos** nicht verprellen, weil sie wichtige Wählerstimmen bringen. Zum anderen sucht er die wegen der Illegalen besorgten Amerikaner zu beruhigen – schließlich befürworten einer Umfrage zufolge 74 Prozent der amerikanischen Bürger den Grenz-Einsatz der Nationalgarde. Ein schwieriger Spagat. So schnell wird sich das Problem der Einwanderung sicher nicht lösen lassen.

In-sink-erator

Er übt eine große Faszination auf Amerika-»Anfänger« aus: der *In-sink-erator*. Was auch immer man in den Ausguss der Abwasch wirft, wird auf Knopfdruck zerkleinert – und weg ist es. Obst- und Gemüseschalen, Essensreste, Verpackungsmaterial. Neuankömmlinge werden geradezu in den Sog dieses Wundergeräts gezogen. Nur hoffentlich nicht mit dem eigenen Zeigefinger.

Denn der *In-sink-erator* kennt kein Pardon. Was da einmal hineinfällt, kann man abschreiben. Vorsicht ist also geboten – vor allem bei Kindern, die aus Europa auf Besuch sind und von dem »Spielzeug« nicht genug bekommen können.

Bis sich der Zerkleinerer wegen zu großer »Aufgaben« schließlich doch verstopft und wieder einmal Fernandez, der Hausarbeiter zu Hilfe gerufen werden muss. Wie so oft schlägt er die Hände über dem Kopf zusammen. Ob wir wahnsinnig geworden seien? Wir hätten den *In-sink-erator* total überfordert! In Zukunft füttern wir ihn also nur noch mit Zwiebelschalen und ähnlichem. Das halbe Vergnügen …

Im Haus Wilma und Fred Feuerstein erledigt die Aufgaben des *In-sink-erators* übrigens ein kleiner Dinosaurier, der die Abfälle verputzt. Und wenn's ihm zuviel wird, spuckt er was aus, Knochen zum Beispiel.

Aber es gibt auch andere Attraktionen: Den Müllschacht etwa. Vom zehnten Stock saust der Abfall ins Tal, dass es eine helle Freude ist; trifft unterwegs auf Müll aus anderen Stockwerken. Das ist ein Donnern und Dröhnen. Man möchte sich nicht vorstellen, wie es ganz unten aussieht.

Was lässt sich da nicht alles versenken, von halben Möbelstücken bis zu dreiviertel Christbäumen! Und ganzen Truthähnen. Das gefrorene Tier schoss den Vogel aller Entsorgungen ab. Die New Yorker Freunde hatten es für *Thanksgiving* mitgebracht. Als dann der eine einen unangenehmen Geruch festzustellen glaubte, entsorgten wir den *Turkey* flugs via Müllschleuse und kauften heimlich einen neuen nach. Der andere Freund durfte davon aber auf keinen Fall erfahren. Schließlich wirft man Lebensmittel nicht weg ...

Ein bisschen erinnert das alles an die Rohrpost von früher. Mysteriöse Kanäle, der undurchschaubare Gang der Dinge. Auch für die Post gibt es im Apartmenthaus einen eigenen Schacht, der in jedem Stockwerk per Schlitz zugänglich ist. Wozu extra aufs Postamt latschen?

Nur einmal hat sich ein Brief von der Dame im 14. Stock bei uns im 10. verfangen. Steckte dort ein paar Tage fest – Empfänger, bitte warten. Aber es gibt für alles eine Lösung. Fernandez musste her! Er schlug wieder einmal die Hände über dem Kopf zusammen.

→ **Closet**

J

Jetlag

In Zeiten, da jeder reist und per Flugzeug die Welt erkundet, ist der *Jetlag* ein allseits bekanntes Phänomen. Nicht nur auf transatlantischen Reisen fordert die Zeitverschiebung vom Körper ihren Tribut. Von Europa an die Ostküste der USA sind es sechs Stunden, die man »gewinnt«, wenn man sich gen Westen bewegt, an die Westküste neun Stunden. Wie schön muss es sein, den Atlantik per Schiff zu überqueren – täglich kommt da nur eine Stunde dazu; sanft gleitet man in die Neue Welt.

Im Flugzeug wird der Tag mit einem Schlag länger, und es gilt, nach der Ankunft bis zur Schlafenszeit – mindestens 22 Uhr – durchzuhalten. US-Erstlinge werden damit kein Problem haben, von Aufregung und Neugier gepackt. Andere, die regelmäßig über den Atlantik pendeln, müssen sich schon eher anstrengen, wach zu bleiben. »Für mich ist es ja eigentlich schon Mitternacht«, denken sie um 6pm, mit Blick auf die innere Uhr. »Es ist so spät, wie es ist«, erklärte indes pragmatisch Freund J., jedesmal wenn er auf Besuch kam. Der innere Schweinehund müsse überwunden, geradezu ignoriert, der neue Tagesrhythmus prompt akzeptiert werden.

Tatsächlich hat sich dieses Rezept bewährt. Besser als diverse Experimente mit Melatonin oder Schlafmitteln. Augen auf und durch! Nach ein paar Tagen ist es vorbei. Und frühes Erwachen kann man allemal in morgendliche Produktivität ummünzen. In der umgekehrten Richtung wiederum fällt es schwer, in der Früh aus dem Bett zu kommen. Als ob einem jemand mit dem Hammer eins übergezogen hätte, fühlt man sich da. Und wird dafür abends nimmer müde.

Oft geht der Jetlag ja auch durch den Magen. Zu den unpassendsten Zeiten stellt sich Hunger ein. Mich persönlich hat es in den ersten Tagen meiner Wien-Besuche nach Mitternacht immer zum Würstlstand getrieben – eine Mischung aus Schlaflosigkeit, Magenknurren und Sehnsucht nach heimischen »Spezialitäten«.

Denn der Jetlag ist nicht nur eine körperliche Sache. Auch die Seele ist schließlich mit von der Partie – und sie braucht oft länger. Das gilt für kurze touristische Reisen und erst recht, in viel stärkerem Maß, für die Emigration oder eine (zeitweilige) Übersiedlung über den Atlantik. In die eine wie die andere Richtung. Die Wurzeln der Seele lassen sich nicht so schnell ausreißen.

Auch bei der Rückkehr aus der Fremde dauert es seine Zeit, bis man sich wieder an die Heimat gewöhnt hat. Möglicherweise ist der mentale Jetlag erst nach Jahren überwunden …

Jogging

Man kann in den USA nicht (über-)leben, ohne zu joggen. Es ist ein Sport, den praktisch jeder betreibt, der noch kreuchen und fleuchen kann. Wobei »Sport« fast schon zuviel gesagt ist. Man tut es einfach, anscheinend ohne Überwindung – wie Zähneputzen und Einkaufen.

In der Hauptstadt Washington wimmelt es sogar in der ärgsten Mittagshitze von Joggern. Vor dem Kapitol, auf der Mall, rund um die Weltbank und das Weiße Haus – überall sind sie schwitzend unterwegs.

Tja, auch so kann man seine Mittagspause nützen, während andere zum Lunch gehen.

Auch weiter draußen, auf *Trails*, in den Wohngegenden sind die Läufer unterwegs. Und wer nicht läuft – aus welchem Grund auch immer – probiert es zumindest mit *Power walking*. Was besonders doof ausschaut. Arme anwinkeln – und zackigen Schrittes vorwärts. Mir wurde es von Sohn-Seite jedenfalls sofort verboten, weil er sich wahnsinnig genierte.

Dann also doch lieber »richtig« joggen. Teure Laufschuhe kaufen und trail-auf, trail-ab. Man will schließlich dazu gehören, mitreden. Keuch! Wie viele Meilen schafft der Mensch? Gemeinerweise sind Meilen ja unendlich länger als Kilometer …

P.S. Wochenlang habe ich für den *Embassy run*, den Botschaftslauf auf der Mall, trainiert. War stolze Besitzerin eines T-Shirts des Austrian Team. Bis ich am Vorabend zufälligerweise hohes Fieber bekam. Das psychosomatische Ende einer Läuferkarriere. Heute, in Europa, bin ich wieder leidenschaftliche Spaziergängerin.

Junk- & Fastfood

Wir alle kennen es: Speisen für den schnellen Verzehr. An einer Theke oder gar im Auto (*drive-thru*) hinuntergeschlungen, und weiter geht's. Fastfood muss nicht notwendigerweise ungesund sein, wird aber üblicherweise mit minderwertigem Junkfood gleichgesetzt. Den Ausdruck prägte 1972 der Direktor des *US-Center for Science in the Public Interest*, Michael Jacobson.

In die Kategorie fallen Hamburger, Pommes frites, Chips, zuckerhaltige Getränke etc. Fett, frittiert, mit Konservierungsstoffen. Geht schnell und ist preiswert. In den USA kann man sich problemlos von Fastfood ernähren. Jeden Tag etwas anderes, die (Nahrungs-)Kette ist lang: McDonalds', Burger King, Taco Bell,

Waffle House, Dairy Queen, Wendy's, Pizza Hut etc. Mindestens 50.000 Fastfood-Restaurants sind über die amerikanische Landkarte verteilt. Laut Prognose werden die Amerikaner am Ende des Jahres 2006 142 Milliarden Dollar für Fastfood ausgegeben haben (1970 waren es sechs Mrd. gewesen).

Dabei ist Fastfood ursprünglich gar keine amerikanische Erfindung. Schon in der Antike gab es Straßenimbisse, die ihren modernen Pendants gar nicht so unähnlich waren.

Würstelstände auf Bahnhöfen, Pizza, Fish & Chips, Döner oder Falafel an der Straßenecke – all das hat in diversen Ländern Tradition. Der Begriff *fast food* entstand dann in den Fünfziger Jahren in den USA. Und schon gibt es auch die Gegenbewegung: Slowfood. Selbst *Fastfood*-Lokale bieten angesichts der grassierenden Fettleibigkeit zunehmend »gesündere« Produkte an.

→ **Obesity**

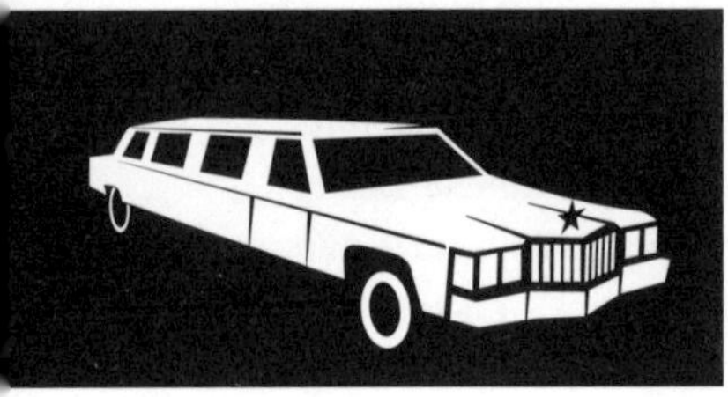

K

Kiss & Ride

Park & Ride kennen wir ja schon lange. Das Auto wird auf einem Parkplatz abgestellt (park) und der Rest des Weges in einem öffentlichen Verkehrsmittel zurückgelegt (ride). In den USA gibt es aber auch eine verfeinerte, romantische Variante der kombinierten Fortbewegungsweise: *Kiss & Ride*. Der Geliebte, Ehemann oder Lebensabschnittspartner chauffiert die Geliebte, Ehefrau oder Lebensabschnittspartnerin zur U-Bahn – oder vice versa. Dort folgt ein Abschiedskuss (*kiss*), und dann ab die Post (*ride*).

In der Realität ist die Verabschiedung natürlich oft sehr flüchtig, womöglich überhaupt ohne Kuss. Vielleicht hat das Paar auf dem Weg zur U-Bahn ja sogar gestritten, die Mutter mit dem Teenager gekeppelt, die Tochter den Vater mit Nichtbeachtung gestraft. Macht nichts: Die liebe Familie trennt sich trotzdem unter dem Titel *Kiss & Ride*. In großen Lettern prangt das Motto auf den Schildern, der Kuss häufig durch wollüstige Lippen untermalt.

In Europa ist *Kiss & Ride* noch relativ unbekannt. So berichtet etwa ein Deutscher im Internet, er habe von der Einrichtung einer Kiss & Ride-Spur beim neuen Berliner Hauptbahnhof gelesen. »Als nur Gelegenheitsbahnfahrer malte ich mir eine ›Spur‹

am Bahnsteig aus, ähnlich den Raucherzonen, nur eben diesmal für sich trennende Jungverliebte und -gebliebene. Diese Bahnromantik wurde dann aber jäh durch die nächsten Sätze vernichtet. Es stellte sich heraus, dass es sich dabei lediglich um eine Zone mit eingeschränktem Halteverbot an der Nordseite des Bahnhofsgebäudes handelt.«

Eingeschränktes Halteverbot. Genau das. Aber ist es nicht sympathisch, das prosaische Verbot so lyrisch zu »transportieren«? *Kiss & Ride* – bald wird es auch in Europa gang und gäbe sein. Am Klagenfurter Bahnhof jedenfalls hat die Sitte schon Einzug gehalten …

Korrespondentenleben

Washington ist ein Tummelplatz für Korrespondenten aus aller Welt, aber auch aus den entlegensten Teilen des Landes. Nationale Hauptstadt- und internationale US-Korrespondenten *covern* jeden Seufzer des amerikanischen Präsidenten, jeden Schritt eines Abgeordneten im Labyrinth des Kongresses, jede noch so kleine Entwicklung im Zentrum der Macht.

Es ist ein buntes Gemisch von Journalisten, die im *National Press Club* und im *Foreign Press Center*, das im selben Gebäude *downtown* Washington untergebracht ist, aufeinander treffen. Als Korrespondentin aus einem kleinen, relativ unbedeutenden Land wie Österreich ist man ein winziges Rädchen im großen Getriebe. Damit alles wie geschmiert läuft, braucht man gute Kontakte und einen regen Austausch mit den Kollegen.

Und man muss um seine Grenzen wissen. Überall kann die Journalistin aus Wien anrufen, allerorts wird sie Informationen erhalten – aber an wirklich hochrangige Gesprächspartner kommt sie nicht heran. Diesen ist ein Korrespondent vom unbedeutendsten amerikanischen Provinzblatt wichtiger als unsereins. Denn es geht um potenzielle Wählerstimmen im eigenen Land – oder um amerikanische Außenpolitik, wo Österreich nur eine minimale Rolle spielt.

Wenn also die Kollegen aus Wien anrufen und fragen, ob ich schnell mal *Condi* interviewen könnte, muss ich sie leider enttäuschen. Obwohl ich der nunmehrigen US-Außenministerin schon seit Jahren »auflauere«. Sogar meine Eislaufschuhe habe ich aus der Heimat gebracht, um sie vielleicht mal *zufällig* beim Sport zu treffen. Wollte der klavierspielenden Politikerin bei einem Konzert über den Weg laufen. Aber *no way*, keine Chance.

Dafür hat mir immerhin Präsident Bush einmal zugelächelt: beim alljährlichen Korrespondenten-Dinner in Washington, das laut Freundin Bea »fast so toll wie die Oscar-Nacht« ist. Es war ein durchaus amüsanter Abend. Zumindest fürs Publikum – die Korrespondentin musste sich den mächtigsten Mann der Welt allerdings mit etwa 2000 anderen Gästen teilen.

»Dubya« saß auf dem Podium, neben ihm aufgereiht First Lady Laura, Vizepräsident Cheney und dessen Frau Lynne sowie eine Reihe von anderen Honoratioren. Allzu nah kam das »gemeine Volk« an den Präsidenten allerdings nicht heran. Kaum war dieser mit schmissigem Marsch und feierlicher Flaggenparade begrüßt worden, wurde er mittels roter Kordel von den Massen getrennt.

Wie im Museum konnte man das Objekt des Interesses nur aus einiger Entfernung bestaunen. Selbstverständlich pirschte sich die Korrespondentin so nah wie möglich heran – Ehrensache; fast wäre sie über die Kordel gekippt. Dass Bush ihr verschmitzt zuzwinkerte – und zwar ihr ganz persönlich! –, wird der First Lady hoffentlich entgangen sein.

Meine Korrespondentenzeit hatte ja schon »gut« angefangen: Als ich im Sommer 1999 bloß über ein Wochenende zur Wohnungssuche nach Washington fuhr, stürzte John Kennedy junior mit dem Flugzeug ab. Ich hatte nicht einmal einen Laptop dabei und musste die Story auf Papier kritzeln und telefonisch durchgeben. Ganz wie in alten Zeiten. Von da an wurde es nie wieder langweilig. Die folgenden vier Jahre erwiesen sich wohl als die aufregendste Zeit in den USA, die sich ein Korrespondent in der jüngeren Vergangenheit nur wünschen konnte.

Zunächst war es eine Umstellung: In einer Redaktion ist man gewohnt, im Team zu arbeiten, als Korrespondent einer Tageszeitung – wenn es denn nicht eine besonders große und finanzkräftige ist – sitzt man allein im Büro. Dass sich manche Journalisten trotzdem (oder deshalb?) *Bureau chief* auf ihre Visitenkarten drucken lassen, hat mich immer amüsiert. Zumal sich das Büro aufgrund der horrenden Mieten oft in den eigenen vier Wänden befindet.

Dies ist nicht zuletzt wegen des Zeitunterschieds praktisch: Meist ist man schon um 6 Uhr früh vor dem Computer. Torkelt nach dem Weckruf aus Wien schlaftrunken zur Kaffeemaschine, flößt sich die schwarze Brühe ein, und ab an den Schreibtisch! Für die aktuelle Ausgabe des nächsten Tages muss der Text spätestens um 10 Uhr fertig sein. Jetzt kann ich es gestehen: Die meisten meiner Artikel sind im Pyjama entstanden!

K

Im Herbst 1999 schien die Lage noch relativ harmlos. Die Lewinsky-Affäre war ausgestanden, der Präsidentschafts-Wahlkampf lief erst gemächlich an. Der 11. September in weiter Ferne. Den republikanischen Kandidaten George W. Bush erlebte ich wenige Monate später zum ersten Mal *live*: bei den Vorwahlen in New Hampshire, jenem kleinen Bundesstaat in Neuengland, wo der Wahlkampf üblicherweise eingeläutet wird: Kalt wehte dem Publikum der Wind um die Ohren, als Bush – wie so oft im Kreis seines Clans – auf die Bühne trat. Legere Jacke, Cowboy-Stiefel, große Töne.

Kalt-trübes Wetter herrschte auch, als Bush ein knappes Jahr später in Washington angelobt wurde. Das Wahldebakel war vorbei, die Stimmung im Land bitter. George W. Bush als strahlender Schneekönig, First Lady Laura im eisblauen Kostüm an seiner Seite (ihr Kleidungsstil wurde umgehend als altbacken kritisiert, aber sie mauserte sich bald), ein steifer Al Gore (der die Wahlen verloren hat, trotz einer halben Million mehr Stimmen des *popular vote*) und ein Bill Clinton, der auch aus seinem Abschied noch eine Show machte. Es war offensichtlich, dass er nur widerstrebend von der politischen Bühne abtrat.

Vorhang auf für Bush. Nur langsam lief das Drama an. Man spürte nicht von heute auf morgen gravierende Änderungen. Schleichend veränderte sich das Klima unter dem neuen Präsidenten, der als *compassionate conservative*, als mitfühlender Konservativer, angetreten war. Waffenfreundlicher, religionsnäher, homosexuellen- und umweltfeindlicher (Rückzug aus dem Kyoto-Protokoll). Mal prüde: Justizminister Ashcroft lässt in seinem Ministerium die Statue der halb entblößten Justitia verhüllen; mal freizügig: Ein Scheck über 100 Dollar flattert ins Haus – ja, wir zahlen jetzt weniger Steuern!

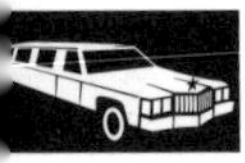

Das Thema, das im Sommer 2001 die Nation bewegt, ist die abgängige Praktikantin Chandra Levy, die ein Verhältnis mit dem Congressman Gary Condit gehabt haben soll. Im September verschwindet sie mit einem Schlag aus dem öffentlichen Bewusstsein. Wie ein Blitz aus heiterem Himmel treffen die Ereignisse des 11. September die Nation ins Herz.

Noch hat der Afghanistankrieg nicht begonnen, der Irakkrieg liegt in ferner Zukunft. Aber sofort nach den Anschlägen haben die USA säbelrasselnd dem Terror den Kampf angesagt. Zumindest in New York und Washington herrscht Krisenstimmung und höchste Alarmbereitschaft, die Sicherheitsvorkehrungen im Land werden drastisch verschärft.

Mit den äußeren Umständen verändert sich auch die journalistische Arbeit. Schließlich erwartet kein US-Korrespondent, auch nur im Entferntesten mit Kriegs- und Krisenberichterstattung beschäftigt zu sein. Die Politik, der *American way of life*, das unendlich weite Land hatten die Journalistin angelockt. Und dann fand sie sich in New York zwischen Soldaten und Panzern wieder. Da schleppten sich Menschen, die versuchten, ihr Hab und Gut in Sicherheit zu bringen. Überall Schutt und Asche, Tragbahren, an den Mauern Anschläge mit Namen und Fotos von Vermissten. Wer noch nie Krieg erlebt hat, stellt ihn sich ungefähr so vor.

Zunächst dominierte der so genannte *human touch* wochenlang Fernsehberichte und Zeitungsartikel. Auch die eigenen. Das Problem lag in der Dosierung. Es sei wohltuend, dass ich ohne allzu viel Schmalz berichte, lautete das Lob von einem Leser. Einem Schweizer Kollegen wiederum wurde von Leserseite vorgeworfen, er handle die tragischen Ereignisse zu kühl, zu distanziert ab.

Wie macht man es richtig? Klingt nicht schon alles nach abgedroschenen Phrasen, wie so oft bei Katastrophen, die uns nahegehen? Eine Gratwanderung. Bei aller persönlichen Betroffenheit muss der Journalist eine gewisse »professionelle« Distanz wahren. Wie die Ärzte, Feuerwehrleute, Bergungsarbeiter oder auch die Politiker. Nicht zuletzt ist es Selbstschutz. Denn wenn man das Geschehen zu nah an sich heranlässt, scheint es fast unerträglich.

So manche Menschen hörten bald nach den Anschlägen auf, Nachrichten anzuschauen oder Zeitungen zu lesen, weil sie die Flut von traurigen Meldungen oder diffusen Warnungen nicht mehr verdauen konnten. Für uns Korrespondenten ist es indes das tägliche Brot, an dem wir uns die Zähne ausbeißen müssen. »Nicht schon wieder ein Flugzeugabsturz«, seufzt man genervt – und hat dabei ein schlechtes Gewissen.

Wer gedacht hatte, dass das Chaos nach den Präsidentschaftswahlen 2000, der umstrittene Sieg und der Auszählungswahnsinn in Florida, den Höhepunkt seiner Korrespondentenzeit in den USA darstellen würde, hatte sich geirrt. Jetzt musste man sich ein neues Vokabular aneignen: *Anthrax* (Milzbrand), *retaliation* (Vergeltungschlag), *resolve* (Entschlossenheit), *casualty* – das englische Wort für »Verluste, Opfer« klingt für den Ausländer gar so *casual*, viel zu harmlos.

In den Wochen nach den Präsidentschaftswahlen im November 2000 hatte uns Adrenalin wach gehalten. Nach dem 11. Sep-

K

tember 2001 raubt uns freilich nicht nur Arbeit den Schlaf: Wer untertags Ängste wegschiebt, den holen sie via Alptraum ein. Wird es neue Anschläge geben? Ist an der Anthrax-Sache vielleicht doch etwas dran? *Worst-case*-Szenario: Könnte es passieren, dass man – fern der Familie – hier festsitzt?

So schnell sollte nicht wieder Ruhe einkehren. Erst der Krieg gegen Afghanistan, dann gegen den Irak; zwischendurch hielt uns in der Hauptstadt der *Sniper* auf Trab. Jener Heckenschütze, der mit seinem jüngeren Bekannten ohne ersichtliches Motiv in Washington und Umgebung zehn Personen abknallte und drei schwer verletzte. Spätestens dann bekam man es mit der Angst zu tun. Muss man nun selbst beim Einkaufen und Tanken auf der Hut sein?

Aber alles geht vorüber. Die *Sniper* werden letztendlich gefasst, der Krieg ist zumindest geografisch weit weg. Allmählich herrscht wieder Korrespondenten-Alltag. Worin besteht dieser? Recherchereisen, Interviews, Pressekonferenzen, Veranstaltungen von *Thinktanks*, den in Washington zahlreichen Denkfabriken, intensiver TV- und Zeitungskonsum inklusive der Archivierung interessanter Beiträge.

Die Stellung in Washington halten, aber auch, so oft es geht, über den Hauptstadtrand hinausblicken. Abgesehen von einem Freelancer, der von New York Wirtschaftsberichte schickt, ist die Korrespondentin für die gesamten USA zuständig. Ein weites Feld. Man kann nicht überall sein. Aber es ist wichtig, in Bewegung zu bleiben. Geistig und physisch.

Vorschläge für Artikel machen, Wünsche der Redaktion erfüllen. Das Schöne am Korrespondentenjob ist, dass man nicht nur für *ein* Ressort schreibt, sondern ein breites Spektrum abdeckt. Von der hohen Politik inklusive bilateraler Angelegenheiten über Kultur bis zum ganz »banalen« Alltag.

Wozu braucht man in Zeiten des Internet überhaupt noch Korrespondenten?, wird häufig gefragt. Es stimmt natürlich, dass man die nackten Informationen heute online und – wie früher auch – über die Nachrichtenagenturen bekommt. Aber die Einordnung in den Kontext, die Hintergründe, Stimmungsbilder und Reportagen – all das kann doch nur jemand liefern, der vor Ort ist. Der sich längerfristig in dem betreffenden Land aufhält und nicht nur die politischen Entwicklungen verfolgt, sondern auch wie ein ganz normaler Bürger dort *lebt*.

→ Beltway, → D.C.

L

Latinos

Die *Latinos*, häufig auch *Hispanics* genannt, sind seit dem Jahr 2003 die größte Minderheit in den USA. Heute leben knapp 40 Millionen *Latinos* in den USA – 1950 waren es erst vier Millionen gewesen, 2050 werden sie laut Prognosen ein Viertel der US-Bevölkerung stellen.

Im allgemeinen Sprachgebrauch wird *Latino* synonym mit *Hispanic* verwendet, obwohl *Latino* genau genommen nur die aus Mittel- und Südamerika Eingewanderten und ihre Nachfahren bezeichnet, *Hispanic* jedoch auch die Nachkommen spanischer Siedler aus Europa. Jedenfalls handelt es sich um die am schnellsten wachsende Bevölkerungsgruppe in den USA.

Die *Hispanics* sind gut organisiert und vertreten ihre Interessen gegenüber der weißen Mehrheit energisch, zuletzt bei Großkundgebungen gegen die geplante Einwanderungsreform. Ihre zunehmende politische Bedeutung als potenzielle Wählergruppe liegt nicht nur an ihrer zahlenmäßigen Stärke. Die *Hispanics* leben vor allem in den großen Bundesstaaten, die bei der Präsidentschaftswahl einen hohen Anteil an Wahlmännern stellen; außerdem sind sie in einigen *Swing States* stark vertreten, also Staaten, in denen keine der beiden großen Parteien eine Mehrheit hat und die bei Wahlen oft das Zünglein an der Waage sind.

Die *Latinos* sind daher jene Minderheit, die politisch am stärksten umworben wird. Traditionell neigen sie eher den Demokraten zu. In neuesten Umfragen zeigen sich die *Latinos* jedoch mit beiden großen Parteien eher unzufrieden. Die jüngsten Immigrationsdebatten haben das Klima angeheizt. 54 Prozent der *Latinos* orten als Resultat der Einwanderungsdiskussion zunehmende Diskriminierung.

Laundry

Wie so vieles andere muten auch die Waschmaschinen in den USA riesig an. Als Single braucht man ziemlich lang, bis man genügend Schmutzwäsche beisammen hat. (Logische Schlussfolgerung: Es muss mehr geshoppt werden, mehr Kleidung in Reserve sein!) Da es andererseits anachronistischerweise in vielen Wohnungen keine Waschmaschinen gibt, bleibt nur der Weg in den Waschsalon – um den sich zahlreiche Filme drehen – oder in die hauseigene Waschküche.

In unserem Apartmentbuilding existierte in jedem Stockwerk ein *Laundry Room*. Je drei Waschmaschinen und drei Trockner, für die man erst Münzen, später eine Wertkarte brauchte. Unnötig zu sagen, dass im gegebenen Moment immer die 25-Cent-Münzen fehlten (es sei denn, man sammelte sie gezielt) oder das Guthaben auf der Karte zu gering war: *Low funds!* Zurück also in die Wohnung oder zur Rezeption. Leere Kilometer? Immerhin macht man auf diese Weise ein bisschen Bewegung.

Auch die soziale Funktion des Laundry Room darf nicht unterschätzt werden. Der Rhythmus der anderen, ihre Wäschestücke, die »Arbeitskleidung« beim Wäschewaschen (oft dürftig) gewährten Einblick in deren Leben. Aus dem kleinen *chat* mit der Nachbarin wurde später regelmäßig ein Glas Sekt, wenn wir uns das Wäschewaschen versüßen wollten. Älteren Damen konnte man beim Umladen der Wäsche in den Trockner helfen – oder sich über sie ärgern, wenn sie ungeduldig wurden und die nicht sofort abgeholte Wäsche anderer in einem ungeordneten feuchten Haufen auf den Tisch warfen.

Am interessantesten natürlich: jüngere, männliche Mitbewohner, mit denen man sich locker ins Gespräch vertieft, um die letzten paar Waschminuten totzuschlagen. Peinlich nur, wenn man schließlich die frische Wäsche aus der Maschine zupft und sich mit einem Mal für vereinzelte, ausgeleierte Unterhosen, Marke Zirkuszelt, geniert. *»I have seen underwear before«*, meint er nur lapidar. Aber das Anbandeln lasse ich in Zukunft trotzdem lieber bleiben.

Zurück in Europa, lobte ich mir zunächst das Wäschewaschen in den eigenen vier Wänden. Ganz privat. Nur der Trockner fehlt empfindlich. Für die Amerikaner eine Selbstverständlichkeit, ist er bei uns (noch) eher selten. Aber wenn man sich einmal an die Annehmlichleit gewöhnt hat, keine Wäscheständer herumstehen und die Wäsche prompt wieder trocken zur Verfügung zu haben, fällt die Umstellung auf die europäischen Verhältnisse schwer.

Lawsuits

Die Amerikaner lieben es, Klagen einzubringen. Wenn etwa der Kaffee zu heiß ist, auf dem Pappbecher aber eine klare Warnung fehlt, kann es für den Verantwortlichen bereits brenzlig werden. Für die Anwälte ist es ein breites Betätigungsfeld. Da rutscht einer aus, dort verletzt sich jemand, und schon wird nach dem Schuldigen gesucht, der haftbar gemacht werden kann.

Die logische Konsequenz ist, dass jeder sich abzusichern versucht und ständig überall Warnhinweise angebracht sind. Heiß, rutschig, gefährlich etc. Oft fühlt man sich geradezu für blöd verkauft, wenn man auf die banalsten Gefahren aufmerksam gemacht wird. Das sagt uns doch der gesunde Menschenverstand! Aber »normale« Menschen, Kläger und Anwälte gehören offensichtlich nicht derselben Spezies an.

Häufig muss man auch seitenweise Formulare ausfüllen und per Unterschrift hoch und heilig versprechen, dass man im Fall X keine Klage einbringen wird. Bei sportlichen Aktivitäten etwa oder wenn man die Ehre hat, als Journalistin die First Lady im Konvoi begleiten zu dürfen. Als siebenter Zwerg von links. Falls der Reifen platzt, der Gurt reißt oder gar die Welt untergeht: Pech gehabt!

Immerhin sind zuletzt jene einfallsreichen Amerikaner mit ihrem Versuch gescheitert, McDonald's zu klagen, weil sie nach dem übermäßigen Verzehr von Fastfood entsprechend Fett ansetzten. Das ginge nun wirklich zu weit! Ein bisschen Eigenverantwortung muss der Mensch schon übernehmen.

Lobbying

In Washington wimmelt es nur so von Lobbyisten. Sie trachten die Interessen ihrer Auftraggeber durchzusetzen, indem sie sich gezielt an Regierungsmitglieder, Beamte und gewählte Volksvertreter wenden und indirekt die öffentliche Meinung über die Medien zu beeinflussen versuchen. Die Nachfrage nach Lobbyisten ist hoch, die Bezahlung gut. So weit, so klar.

Weniger bekannt, aber umso netter ist die angebliche Entstehungsgeschichte des Lobbying, wie man sie sich in der amerikanischen Hauptstadt erzählt: Präsident Ulysses S. Grant, der von 1869 bis 1877 amtierte, durfte im Weißen Haus nicht rauchen, weil es dort seine Frau verbot (schon damals!). Daher zog sich Grant gern in die Lobby des nahegelegenen Willard Hotel zurück, wo er ungestört seine Zigarren genießen konnte. Nachdem der Präsident dort öfter erspäht worden war, machten es sich

Politiker und andere, die von ihm einen Gefallen wollten, zur Gewohnheit, ihn in der Lobby aufzusuchen und seine zigarrenbedingt gute Laune auszunützen.

Heute läuft die Chose wohl weit weniger gemütlich ab. Der Präsident könnte nicht einfach so in einer Hotellobby knotzen – und vom Rauchen kann schon gar keine Rede sein …

Love

I love you! Vorsicht: Mit »Ich liebe dich« ist diese Ansage nicht gleichzusetzen! Während man bei uns an tiefschürfende, höchst exklusive Gefühle denkt, denen nur in besonderen Situationen Ausdruck verliehen wird, säuseln die Amerikaner besagte drei Worte – oft verkürzt auf zwei *(love you!)* – ständig in ihre Handys. Natürlich nicht zu x-beliebigen Personen: Eltern an Kinder, Kinder an Eltern, Partner untereinander. *Love is in the air.* Auch beim Verabschieden wird nicht mit Liebe gegeizt.

Ähnlich verhält es sich mit *I miss you.* Vermisst wird schnell einmal jemand. Quer über den Atlantik schleudern Amerikaner ihren europäischen Freunden diese Floskel nach, obwohl sie ein paar Wochen bestens ohne sie auskommen. Und wehe, die europäische Seite interpretiert allzu viel Romantik in solche Aussagen. Das kann zu Enttäuschungen führen.

Gefühlsmäßig tragen die Amerikaner gern dick auf. Aber so wie bei der omnipräsenten Freundlichkeit darf man dahinter nicht immer allzu viel erwarten. Es muss nicht gleich die große Liebe sein, wenn einem einer mit *I love you* kommt.

Sonnyboy Scott etwa, dem hier stellvertretend für den amerikanischen *Lover* ein Denkmal gesetzt werden soll. Der typische *WASP* (*White Anglo-Saxon Protestant*), fesch und sportlich, immer gut aufgelegt, zugleich verbindlich-unverbindlich. Wie gesagt: trotz des glaubwürdigen *I love you.* Schnell wird die Phase des → **Dating** durchlaufen, die in den USA ziemlich starr reglementiert ist. Rendez-vous zu zweit sind einschlägig. Damit setzt man ein klares Signal. Spätestens nach zwei, drei Treffen geht es zur Sache.

Ein romantischer Rahmen findet sich leicht, Halbdunkel wird dunkel, denn im Adamskostüm will der Mann dann doch nicht gesehen werden. Auch später nicht. »Ihr Europäer seid wirklich ungeniert«, mokiert er sich. Als *sie* dann für eine Weile verreist, versorgt *er* sie zwar telefonisch mit unzähligen *I miss you*s, fährt aber derweil ihr Auto (und beschädigt es, hat aber leider »keine Zeit«, den Schaden reparieren zu lassen) und ist schließlich *gentleman-like* mit Blumenstrauß zur Abholung am Flughafen gestellt.

Ein *candle-light-dinner* ist noch drin, aber bitte: Für eine *relationship* sei er nicht *ready*. Sorry, aber sie habe sich doch diesbezüglich nichts erwarten können. Was für eine naive Herangehensweise! So schnell kann die Liebe im heißen Washingtoner Sommer erkalten …

Eine ganz normale Geschichte, wie sie sich auch in Europa zutragen könnte, werden Sie vielleicht einwerfen. Aber ich bleibe dabei: *I love you* & *I miss you* wird in unseren Breitengraden weit weniger inflationär verwendet, die Erwartungen dementsprechend realistischer angesetzt. Treffen zu zweit müssen nicht automatisch eine Einbahnstraße ins Bett sein. Dafür ist es kein allzu großes Malheur, sich im intimen Rahmen auch mal im Evaskostüm zu zeigen.

Ein amerikanisches Happy-end wiederum hätte so ausgesehen: baldiger Aufstieg der Geliebten zur → **Fiancée**, zur Verlobten – alles muss schließlich seine Ordnung haben. Später Hochzeit mit allem Pipapo – gehört im Lebenslauf unbedingt dazu. Und scheiden kann man sich immer noch lassen. Sei es auch mehrmals. Macht überhaupt nichts. Hauptsache, die Regeln werden eingehalten, die äußere Form gewahrt.

→ **Friends**

L

M

Mall

Die *Mall* in Washington D.C. haben wir schon ge- und durchstreift: jenen von Museen gesäumten breiten Streifen, großteils Grünfläche, zugleich Verkehrsader, der sich vom Kapitol bis zum Lincoln Memorial erstreckt. Wenn man sich aber nicht gerade in der amerikanischen Hauptstadt befindet, ist mit Mall üblicherweise eine *Shopping Mall* gemeint. Ebenfalls eine große Fläche mit Geh- und Verkehrswegen – kreuz und quer – und einer Anhäufung von Geschäften. Heute sind die USA mit rund 43.000 Shopping-Centern das Land mit den meisten und größten Einkaufszentren der Welt. → **Shopping**

Einfache Einkaufszentren wurden in Amerika bereits in den 1930er Jahren errichtet. Sie sollten ein innerstädtisches Ambiente vorspiegeln, da in den USA, anders als in Europa, die Geschäfte oft nicht zentral, sondern entlang der Ausfallsstraßen (*Strips*) lagen. Die weltweit erste, in einem einzigen Gebäude zusammengefasste *Shopping Mall* entstand jedoch erst 1956 mit dem *Southdale Center* bei Minneapolis, das neben Läden auch eine Schule, einen Hörsaal und einen Eislaufplatz beherbergte. Was das Einkaufszentrum von allem bisher Dagewesenen unterschied: Es herrschten verlässliche 72 Grad Fahrenheit. Erstmals war Einkaufen, unabhängig vom Wetter, möglich.

Geplant worden war die *Shopping Mall* vom österreichischen Stadtplaner und Architekten Victor Gruen, der als Erfinder der modernen, komplexen Einkaufszentren gilt. Der Jude Gruen – ursprünglich Victor David Grünbaum, geboren 1903 in Wien – hatte 1938 emigrieren müssen und sorgte in den USA mit Umbauten von Boutiquen in der Fifth Avenue in New York oder etwa der Errichtung eines Kaufhauses mit Parkdeck auf dem Dach für Aufsehen. Seine Shopping Malls machten ihn international bekannt. Er ist außerdem der »Vater« der ersten großen Fußgängerzone in Österreich in der Wiener Kärntnerstraße, die 1970 trotz heftiger Kritik eingerichtet wurde. 1980 starb Gruen in Wien.

Die Shopping Mall ist der Inbegriff US-amerikanischer *Suburbanisierung*: Sie soll alle Funktionen der modernen Stadt erfüllen, vom Einkaufen über Abwicklung von Bankgeschäften und Arztbesuchen bis zum Kulturgenuss. Wie *Downtown*, nur noch besser, so schwebte es Gruen vor. Die Mall, umgeben von Wohnbauten, Parks und Sportanlagen. Nicht nur ein Einkaufsplatz, sondern auch ein sozialer Treffpunkt.

M

Auch innerhalb von Stadtzentren versuchte der österreichische Architekt seine Ideen durchzusetzen: In der Kleinstadt Kalamazoo City etwa setzte er durch, dass zwei Blocks der Hauptstraße für den Verkehr gesperrt wurden und so Platz für eine Mall im Zentrum entstand. Gruen wollte verhindern, dass sich der amerikanische Stadtraum völlig dem Individualverkehr unterordnete, und verfolgte das Ziel des überdachten, autofreien Zentrums.

Er war freilich seiner Zeit weit voraus. Die Vision scheiterte an der autoorientierten Realität, zumal man in den 50er und 60er Jahren von einem Verkehrskollaps, wie Gruen ihn prognostizierte, noch weit entfernt war.

Entgegen seinen Vorstellungen wurden *Malls* keine öffentlichen stadtähnlichen Räume zum Verweilen, Diskutieren und Kontakte-Knüpfen, sondern befinden sich üblicherweise in privaten Händen. Viele städtische Elemente fehlen, alles sieht gleich aus. »Der Verlust der Behaglichkeit der Wiener Konsumwelten (Kaffee häuser) lag ihm in seinen Anfangsjahren in den USA schwer im Magen«, schreibt das Lexikon. Dieses Gefühl kann man auch heute noch gut nachvollziehen. Immerhin hat Gruen den Grundstein gelegt für einigermaßen angenehme Shopping- und Flaniermeilen. Aber dass seine Ideen aus Profitgründen stark verändert wurden und viele Malls vom großzügigen Gruen-Ideal weit entfernt sind, war dem Architekten schon zu Lebzeiten klar.

Melting pot & salad bowl

Lange Zeit wurden die USA gern als *melting pot* beschrieben, als Schmelztiegel verschiedener Völker und Kulturen. In dem klassischen Einwanderungsland mischten sich diese miteinander, verschmolzen, verköchelten zu einem *Stew*, in dem manche Zutaten mehr, manche weniger zum Tragen kommen.

Die ersten Siedler waren bekanntlich vor allem Briten, Franzosen, Spanier, dann auch Iren, Deutsche, Skandinavier. Unfreiwillig gerieten Sklaven aus Schwarzafrika in die Südstaaten, auf die Plantagen. Die meisten Neuankömmlinge nach dem Bürgerkrieg stammten aus Süd- und Osteuropa. Nicht zu vergessen – »nebenbei« bemerkt – die Ureinwohner, die *native Americans*. Politisch inkorrekt: Indianer.

Nach der Nazi-Zeit, die Tausende Juden und andere politisch Verfolgte in die Emigration trieb, strömten seit dem Zweiten Weltkrieg zahlreiche Menschen aus spanischsprachigen Ländern in die USA, vor allem Mexikaner. In den vergangenen Jahren erfolgte massive Zuwanderung aus Afrika, Asien und Lateinamerika.

Heute wird gegenüber dem *melting pot* allgemein das Bild des *salad bowl* bevorzugt. Eine Schüssel voll knackigem gemischtem Salat, der aus vielen bunten Ingredienzien besteht. Sie alle tragen zum Gesamtgeschmack bei, haben aber ihre Konsistenz, ihre »Identität« beibehalten. Koexistenz – ja, Verschmelzung – nein. So wollen die Soziologen den kulturellen Pluralismus gern verstanden wissen. Das Miteinander läuft in der Praxis freilich nicht immer so reibungslos ab wie gewünscht. Auch heute gibt es etwa kaum gemischte Paare aus Schwarzen und Weißen, und die gezielte Bevorzugung von Minderheiten bei der Postenvergabe, *affirmative action*, hat deren Benachteiligung noch kein Ende setzen können.

Zugleich verschiebt sich das Gleichgewicht innerhalb der amerikanischen Gesellschaft zugunsten der *Hispanics*. Das Beispiel Kalifornien illustriert deutlich einen Trend, der für die gesamten USA gilt und große politische Herausforderungen mit sich bringen wird. Laut der letzten Volkszählung stellen in Kalifornien Weiße nun weniger als 50 Prozent der Bevölkerung. Dadurch werden Machtverschiebungen erwartet, vor einer längerfristigen Zersplitterung der Gesellschaft wird gewarnt.

»Die Veränderungen der Bevölkerungsstruktur führen zu tiefgreifenden Machtverschiebungen, in politischer und wirtschaftlicher Hinsicht«, schreibt die *Washington Post*, »ob sich die verschiedenen Rassen und Ethnien in kleine, balkanisierte Einheiten aufsplittern oder sich als Ganzes mischen: Das ist die wichtigste Aufgabe, die auf Kalifornien zukommt.« Und in weiterer Folge auf die gesamte Nation.

Die weiße Bevölkerung stellt in dem bevölkerungsreichsten US-Bundesstaat (33,9 Millionen Einwohner) heute offiziell weniger als die Hälfte der Einwohner: Kalifornien gesellt sich damit zu New Mexiko, Hawaii und dem District of Columbia. Der Anteil der Weißen in Kalifornien, der 1970 noch bei 80 Prozent lag, ist laut jüngsten Zensusdaten auf nunmehr 47 Prozent gesunken.

Die Einwohner spanischsprechender Abstammung verzeichnen indes den größten Zuwachs. Ihr Anteil wuchs im vergangenen Jahrzehnt um stattliche 42,6 Prozent und macht nun mehr als ein Drittel der kalifornischen Bevölkerung aus, bei Jugendlichen unter 18 Jahren sogar 43 Prozent. Die starke Zunahme der

→ **Latinos** wird vor allem durch deren hohe Geburtenrate erklärt, während die asiatische Bevölkerung (12 Prozent) in erster Linie durch Einwanderung zunahm. Der Anteil der Schwarzen ist mit sechs Prozent zurückgegangen.

Acht der zehn ethnisch am stärksten gemischten Städte der USA liegen im Bundesstaat Kalifornien, der als Versuchslabor für demografische Veränderungen in der ganzen Nation gilt. Die Entwicklung in Kalifornien wird von Experten als Vorbote für Bundesstaaten wie Florida, New York oder Texas gewertet. Im vergangenen Jahrzehnt ist die *Latino*-Bevölkerung landesweit extrem angewachsen und seit 2003 die größte Minderheit. Generell wird prognostiziert, dass in den USA »anders als in übrigen hochentwickelten Industrieländern« die Bevölkerung in den kommenden 50 Jahren weiterhin deutlich zunehmen wird.

Motel

Das Motel ist bekanntlich eine Wort-Zusammensetzung aus *Motor* und *Hotel*. Herbergen für Autoreisende, wie sie in den USA mit der Massenmotorisierung zu Beginn des 20. Jahrhunderts entstanden. Heutzutage ist natürlich praktisch jeder ein Autoreisender. Was sonst?

Motels, die anonyme, unkomplizierte Übernachtungen ermöglichen, haben häufig Roadmovie-Charme, sind abgewohnt und plüschig. Die verkehrsgünstige Lage am Stadtrand, in Highway-Nähe bringt logischerweise vorbeibrausenden Verkehr mit sich. Der Pool, über den heute fast jedes Motel verfügt, ist in eine Asphaltwüste eingelassen.

Meist in U- oder L-Form, oft nur eingeschossig, mit separaten Eingängen in jedes Zimmer. So kommt man mit dem Auto möglichst nah heran – fast schon drive-in. Ein idyllischer Ausblick aufs Auto, der kürzestmögliche Weg zum dort eingelagerten Bier.

Was will man mehr? Anonymität ist gewährleistet, da man – außer zum Einchecken – nicht den Weg über die Lobby zu nehmen braucht.

Die Wände sind dünn, die Ausstattung einfach, der Preis niedrig. Das hier ist schließlich keine Luxusbleibe, sondern ein Dach überm Kopf, ein Bett unter den müden Gliedern. Das Motel gehört in Amerika zum Reisen wie eine Kuh auf die Weide.

Das erste Motel wurde vom Architekten Arthur Heinman 1925 in Kalifornien gebaut: das Motel Inn of San Luis Obispo. Anfangs typischerweise von Mom & Pop, also einer Familie betrieben, fand das Motel nach dem Zweiten Weltkrieg auch in die Wörterbücher Einzug; es entwickelte sich eine typische, einheitliche Bauform.

Oft wurde den Motels bzw. ihren Gästen ein gewisser Touch von Verruchtheit zugeschrieben. FBI-Chef Edgar Hoover kritisierte die Motor-Unterkünfte 1940 in einem Artikel für das *American Magazine* wegen ihres vermeintlichen Potenzials als Brutstätte für Verbrechen, als *Camps of Crime*.

Nicht nur die berühmten Ganoven Bonnie and Clyde stiegen häufig in Motels ab. Auch in vielen modernen Krimis werden ebendort Verbrechen begangen und Schäferstündchen abgehalten. Oder eins nach dem anderen. Als Sündenpfuhle werden die Herbergen für Autofahrer freilich schon längst nicht mehr eingestuft. Aber was wäre Amerika ohne ein bisschen Sex & Crime?

M

Mozart im Café

Mit Österreich verbinden viele Amerikaner nur wenig, aber wenn, dann ist ihnen Mozart zumeist ein Begriff – nicht erst seit im Mozartjahr 2006 First Lady Laura Bush auf ihrem Besuch in Wien von Philharmonikern die *Kleine Nachtmusik* vorgespielt bekam. In gut sortierten Delikatessengeschäften bekommt man manchmal sogar auch *Mozart's balls* zu kaufen. Aus Schokolade, wohlgemerkt.

Tipp! Vor allem aber liegt im Herzen Washingtons, wie ein Fels in der Brandung, das bekannte *Café Mozart*. Eine Wienerin verkauft dort seit Jahrzehnten Würste und Schokolade. Drei Knackwürste – soviel hat Hilde Fehr seinerzeit angezahlt, um das deutsche Delikatessengeschäft im Herzen Washingtons zu erwerben, das heute nicht mehr simpel als *German Deli*, sondern zugleich als *Café Mozart* bekannt ist. Über 70 ist es schon, genau wie seine Besitzerin.

Die Wienerin, die 1956 als Köchin für den österreichischen Botschafter Karl Gruber in die US-Hauptstadt gekommen war, entschloss sich 1964 spontan zum Kauf – sie erzählt: »Ich war seit Jahren Kundin, und dann hat sich die Besitzerin einmal so aufgeregt, weil sie was Verkehrtes bekommen hat. Da hab' ich gesagt: ›Regen Sie sich doch nicht so auf, das kann doch passieren!‹ Sagt sie: ›Woll'n S' das G'schäft?‹ Hab ich gesagt: ›Ja. Warum nicht?‹ Ehrlich gesagt, bin ich ja nur reingekommen um vier Knackwürst'. Dann hat sie eine Anzahlung verlangt. Also hab' ich gesagt: ›Geben Sie mir eine Knackwurst, und mit dem Rest zahl ich an?‹ Bin i' mit aner Knackwurst und an G'schäft heimkommen. Mein Mann war – wie man sich denken kann – nicht sehr erbaut.«

Würste sind nach wie vor ein großer Renner – ob man sie nun im Geschäft kauft (*German Deli*) oder sich im angeschlossenen Restaurant (*Café Mozart*) servieren läßt. *German Knackwurst with mashed potatoes and sauerkraut* oder *Sausage Sampler* mit verschiedenen Würsten zum Ausprobieren.

Neben Würsten und Schnitzeln gibt es auch andere Publikumsmagneten: »Auf jeden Fall Schokolade. Jeder in Amerika ist auf Diät, und jeder isst Schokolade. Auch Torten verkaufen sich fantastisch gut«, sagt sie. Wenn man diesen bei ihren Drehungen in der runden Glasvitrine zusieht, läuft einem das Wasser im Mund zusammen.

Gelernt hat Hilde Fehr, die aus Ober St. Veit stammt, in der Hotelfachschule in der Jaurèsgasse im dritten Bezirk. Über Melk, England, Holland kam sie in die USA. Gut erinnert sie sich auch an die Zeit in Wien: »Da hab' ich beim ›Weinwurm‹ gearbeitet am Stephansplatz, da hat's die ersten Espresso-Maschinen gegeben, wo man noch den Hebel hat runterdrücken müssen. Ich konnte als eine der wenigen dieses Monstrum bedienen. Ich hab' sechs Arme gehabt.«

Die kann sie auch heute noch brauchen, um ihren Laden zu schupfen.

N

Nachbarn & Turtles

In einem neuen Land gehören die Nachbarn zu den ersten Ansprechpersonen, die einem bei den banalsten Problemen helfen und somit das Leben erleichtern können. Kann, muss aber nicht so sein. In unserem Apartmenthaus lebten vorwiegend ältere Menschen, und das hat das Leben manchmal eher erschwert.

Politisch völlig inkorrekt, aber absolut liebevoll gemeint, nannten wir sie wegen ihrer gebückten Haltung *turtles*, Schildkröten: runder Rücken, vorwärts gereckter Hals, flinker Blick. Wenn ich *turtlenecks* trage, Rollkragenpullover, muss ich heute noch an sie denken.

»Ein grässliches Gebäude«, meint indes John, der etwas jüngere Nachbar von gegenüber, »es erinnert einen täglich daran, dass man sterben muss.« Er möchte, so verrät er, einmal einem der Wägelchen, auf die sich die Gehschwachen stützen, glatt einen Tritt versetzen. »Und wann gehen wir endlich auf einen Drink?« Nein danke, John mag unter dem Altersdurchschnitt liegen, aber er ist schmierig und beleibt. Da sind mir schon die Oldies lieber.

Anna etwa. Sie ist 88 und fragt mich ständig, ob ich auch genug Vitamine nehme? »Man muss sich täglich zu Obst und Gemüse zwingen! Essen muss man, auch wenn es keinen Spaß macht«, ruft sie mir auf dem Gang entgegen. Die lieben Knopfaugen versuchen einen strengen Blick. »Ein Auto fährt schließlich auch nicht ohne Benzin!«

Anna geht mir nicht einmal bis zu den Schultern – und manchmal auf die Nerven – und macht dabei die kleinsten Schritte, die ich je gesehen habe. Anna trippelt – und wackelt mit dem Kopf. Schon wieder drängt sie mir drei Blueberry-Muffins auf. »Ein Auto …« Ja, ich weiß schon.

Evelyn wohnt auf der anderen Seite. Sie hat eine Mokkalöffelsammlung an unserer gemeinsamen Wand. Holzregale mit winzigen Ausnehmungen für die Löffelchen, die ihr Mann von seinen regelmäßigen Auslandsreisen mitbrachte. Ursprünglich ließ ich die Tür immer achtlos ins Schloss fallen. Jugendlich ungestüm. Was jedesmal eine Schar von Mokkalöffeln aus ihren Halterungen springen und zu Boden fallen ließ.

»Entschuldigen Sie, ich will nicht lästig sein«, meinte Evelyn vorsichtig, als sie sich bei mir vorstellte und um sanftes Türenschließen bat. »Ich kann mich so schwer bücken, um die Löffel aufzuheben.« Evelyn ist ebenfalls 88. Eine Mokkalöffel-Sammlerin und eine Kaffeesüchtige Tür an Tür – da kann man sich schon einigen. Aus Wien bringe ich ihr ein Löfferl mit Miniatur-Riesenrad-Griff.

N

»Are you okay?«, fragt Anna. *»Are you okay?«*, fragt Evelyn. Aufgeregt stehen die beiden vor meiner Tür. Zum x-ten Mal habe ich – bei einem meiner seltenen Backversuche – den Feueralarm ausgelöst. Verlässlich sind sie binnen kürzester Zeit da. Nachbarinnen wie aus dem Bilderbuch. Evelyn benützt ihr Rohr wegen des hochsensiblen Alarmsystems erst gar nicht mehr, aber Anna zeigt Verständnis: Essen muss man schließlich! Ob sie mir einen Hot dog auftauen solle? Danke, sehr freundlich, wimmle ich ab. Ein aufgetauter Hot dog? Da läuft es mir kalt über den Rücken.

Wenn ich meine Zeitung in der Früh nicht rechtzeitig von der Türmatte hole, hat Anna sie sich auch schon geschnappt. Gleich glaubt sie, ich schliefe auswärts, gleich macht sie sich Sorgen. Nimmt die Zeitung als Pfand, um mich zum Rapport zu beordern. Evelyn zeigt sich zurückhaltender. Wenn ich ihr die wöchentliche Bücherbeilage der *New York Times* aufhebe, ist sie zufrieden.

Ewig nichts von Evelyn gehört. Von deren Tochter erfährt Anna, dass sie einen Herzinfarkt hatte. Die Nachbarin hält mich auf dem Laufenden. Ob Evelyn nun gar das Löffelchen abgebe?, fragt John aberwitzig und nützt die Gelegenheit, eine vermeintliche Veränderung in meinem Aussehen zu kommentieren. Wäre es nicht endlich Zeit für einen Drink?

Nach einem Monat ist Evelyn zurück. Schwach, aber auf dem Weg der Besserung. Anna ist aus dem Häuschen. Im Klartext: Sie streckt jedes Mal ihren Kopf aus der Tür – wie der Kuckuck aus der Uhr –, wenn ich bei Evelyn klopfe, um nach dem Rechten zu sehen. Am zweiten Tag hat Anna Atembeschwerden und Herzschmerzen. Bei aller Sorge um Evelyn – sie, Anna, sei schließlich auch nicht mehr die Jüngste. Ob ich sie schnell in die Notaufnahme führen könnte?

Im Auto sinniert Anna, dass sie gern Geld für Sinnvolles ausgebe, aber nicht für Taxis. Sie würde mich dann lieber einmal zum Essen ausführen. Zumal der Mensch ja essen müsse! Im Spital führe ich Anna, die sogleich in einen Rollstuhl gesunken ist, von Pontius zu Pilatus, in dessen Obhut ich sie dann übergebe. Ich sei nur die Nachbarin, habe nicht allzu lange Zeit, murmle ich entschuldigend.

Mehrere Stunden werden vergehen, bis Anna an meine Tür klopft. »Sie haben nichts gefunden«, erklärt sie, »aber es hätte ja etwas sein können!« Diesmal ist es Evelyn, die hinter ihrer Tür hervorlugt und leicht tadelnd das Wort an Anna richtet: »Sweetie, lass sie in Ruhe, sie soll ihre Jugend genießen!«

Als ich später von einem Abend mit Gleichaltrigen zurückkehre, stelle ich fest, dass plötzlich Elviras Auto nicht an seinem Platz steht. Elvira ist meine Nachbarin in der Garage, Altersstufe *turtle*. Sie fährt einen riesigen amerikanischen Schlitten. Das heißt: »fährt« ist zuviel gesagt. Meist ruht das Ungetüm in seinem Kobel, als ob es schliefe. Nur selten sieht man die zierliche Dame am Steuer, das Gesicht geradezu ans Lenkrad geheftet. Seit Wochen hat das Auto nun schon einen Platten, wie ich bemerkte. Ich drängte den Vermieter, nach Elvira zu sehen. Der Zustand des Wagens könnte schließlich auf den Zustand der Besitzerin schließen lassen. Ein Auto fährt ohne Luft im Reifen nicht. Und sterben muss man.

Networking

Kontakte knüpfen, ob privater oder beruflicher Natur, steht auf der amerikanischen Prioritätenliste ganz oben. Genannt: *networking*. Eine Gesichtswäsche da, ein Cocktail dort – am Netzwerk wird ständig gearbeitet, komme was wolle.

Wichtigste Grundausstattung dafür ist ein Stapel von Visitenkarten, den man immer bei sich trägt. Jeder neuen Bekanntschaft wird nicht nur die Rechte zum Gruß, sondern zugleich auch eine *business card* entgegen gestreckt. Bald häufen sich die Visitenkarten dermaßen, dass ein gutes Ordnungsprinzip unbedingt erforderlich ist, eventuell sogar ein kurzer Vermerk auf der Rückseite, wann und in welchem Rahmen man die betreffende Person kennengelernt hat. Auch ist es nicht zu empfehlen, die Visitenkarten anderer zu lange in der eigenen Brieftasche herumzutragen, da man sie dann möglicherweise irrtümlich als die eigenen verteilt.

Business cards werden inflationär verwendet. Gerade dass man sie bei Veranstaltungen nicht einfach stoßweise fallen lässt, um seinen Bekanntheitsgrad zu steigern, quasi *namedropping* der anderen Art. Das Visitenkarten-Spiel wird in den USA nun einmal nach allen Regeln der Kunst betrieben.

Die Journalistin bzw. Korrespondentin ist natürlich erst recht mit *networking* beschäftigt. Sie ist schließlich auf gute Kontakte angewiesen und praktisch immer auf Recherche. Selbst wenn sie am Swimming pool liegt, könnte sie Interessantes erfahren.

Wenn dann die Redaktion aus Wien anruft und es während der Arbeitszeit im Hintergrund plätschert, hat sie freilich Erklärungsbedarf. »Ähäm, ja, ich recherchiere gerade für einen Artikel über Lifeguards (an jedem Pool zwingend vorhanden!) bzw. bin im Bad in Georgetown am Networken.« In diesem Viertel von Washington wohnen nämlich jede Menge Politiker. Die Chancen stehen gut, dort vielversprechende Bekanntschaften zu machen.

Aha, eine Recherche am Pool, mag man sich in Wien wundern, wo die Kollegen in den (nicht-klimatisierten) Büroräumen schwitzen. Networking? Wahrscheinlich ist sie »net« working, also »net« am Arbeiten …

Nine-eleven

Es ist ein Datum, eine Zäsur, ein Trauma. Nine-eleven hat in den englischen Wortschatz Eingang gefunden und lässt nicht nur Amerikanern bei jeder Erwähnung neuerlich eine Gänsehaut über den Rücken laufen. Die Jahreszahl zu nennen ist überflüssig, denn auf der ganzen Welt weiß jeder, was gemeint ist: die Terroranschläge auf New York und Washington vom 11. September 2001.

Das Datum wird in den USA umgekehrt angeordnet: zuerst der Monat, dann der Tag. Für Europäer führt das immer wieder zu Konfusion: 6/12 beispielsweise wäre also nicht der 6. Dezember, sondern der 12. Juni. 9/11 dementsprechend der 11. 9. Ironischerweise lautet in Amerika auch die Notrufnummer nine-eleven. Steckte da eine Absicht der Terroristen dahinter?

Man kann heute nicht über die USA schreiben, ohne näher auf die tragischen Ereignisse vom 11. September einzugehen. Noch Jahre nach dem Schrecklichen *what happened* – wie das

Geschehen lange vorsichtig umschrieben wurde – ist die kollektive Wunde nicht verheilt. Es war ein Schlag mit Langzeitfolgen – bis heute wirkt das Land therapiebedürftig, und viele politische Aktionen wie auch gesellschaftliche Entwicklungen lassen sich nur unter Berücksichtigung von 9/11 verstehen.

Seit den Terroranschlägen gibt es eine neue Zeitrechnung: davor und danach. Selbst wenn oberflächlich längst wieder das »normale« Leben eingekehrt ist, wirkt der 11. September immer noch nach. Keiner wird diesen Tag vergessen – umso weniger, je näher er sich an den Unglücksorten aufhielt. Jedem hat sich unauslöschlich in die Erinnerung eingebrannt, wo er sich zur Zeit der Anschläge gerade befand – im Fall der »Presse«-Korrespondentin war es die Dusche bei Turm eins des World Trade Center, der Fernsehapparat bei Turm zwei, das Dach ihres Gebäudes, als das dritte Flugzeug ins Pentagon gekracht war und sie in der Ferne den Rauch aufsteigen sah.

Jeder hat seine persönliche Geschichte im Zusammenhang mit dem 11. September, hat jemanden verloren oder kennt Angehörige beziehungsweise Freunde von Opfern. Weiß von einem Schulfreund, der dem Tod entging, weil er an jenem Morgen neue Kontaktlinsen bestellte und daher zu spät ins Büro kam. Glück. Oder von einer Bekannten, die gerade erst den zweiten Tag aus dem Mutterschutz zurück war und ein siebenwöchiges Baby hinterließ. Unglück. Manche glauben nun mehr an Gott, andere weniger.

Nicht nur die Angehörigen der Terror-Opfer drückten bei Trauerfeiern Stofftiere fest an sich. In allerlei Betten hielten wieder Teddybären Einzug. Vielen wurde ihre Einsamkeit plötzlich schmerzhaft bewusst. Single-Sein war nicht mehr cool und chic, verlautete die New Yorker Szene. Hip gekleidet in einer Bar einen *Cosmopolitan* schlürfen? Lieber rückte man zusammen, und wenn es nur für einen *One-Night-Stand* war. Zugleich gewann die Familie, die in den USA ohnehin einen hohen Stellenwert genießt, noch mehr an Bedeutung.

N

Zu Hause bleiben war mehr gefragt als ausgehen. Es wurden weniger Kinokarten gekauft, dafür mehr Videos ausgeborgt und Fernsehgeräte erstanden. Freundschaften wurden gepflegt. Gemeinsam kochen, gemeinsam essen – auch das half. Unser Lieblingsgericht, *Coconut Shrimp*, tauften wir in *Coconut Shrink* um. Es war unser Kokosnuss-Psychiater – ein Heilmittel, das seine Wirkung nie verfehlte.

Die Zeitungen gaben Tipps, wie man diese schwierige Zeit am besten überstehe: viel Schlaf, viel Bewegung, viele Vitamine, wenig Kaffee und Alkohol. Gerade in letzteren flüchteten sich freilich viele. Auch der Konsum von Antidepressiva, Schlafmitteln und Medikamenten gegen Angstzustände stieg nach dem 11. September in den USA deutlich an. In Manhattan verzeichneten psychiatrische Kliniken einen um 50 Prozent gesteigerten Andrang.

Einerseits erschienen die eigenen Probleme mit einem Schlag minimal, schrumpften im Schatten der Twin Towers zu einem niedrigen Bungalow. Aber es war eben jeder betroffen, auch die nicht unmittelbar Betroffenen. Welches Opfer können die Amerikaner in diesen Zeiten bringen, wurde George W. Bush von einem Reporter gefragt: »Das Opfer besteht darin, dass jeder ein Stück Seele verloren hat«, antwortete der US-Präsident – für seine Verhältnisse unerwartet poetisch, schlicht und treffend.

Am Wochenende »davor« waren wir zum *Wildwater-Rafting* in West Virginia gewesen. Ein paar Tage danach hatten wir das Video anschauen wollen, aber der 11. September kam dazwischen. Als wir schließlich Wochen später vor dem Videorecorder saßen, schien alles unwirklich. Vor allem der Nachspann, den der gut aussehende Videofilmer (ein wahrer Akrobat in seinem Kajak) mit folgendem Zitat versehen hatte – zwei Tage vor dem 11. September wohlgemerkt: *»There is madmen in the world, and there are terror.«* George W. Bush.

Wer hätte gedacht, dass diese harmlose Anspielung auf die Schwierigkeiten des Präsidenten mit der Grammatik im nachhinein wie eine düstere, *self-fulfilling prophecy* wirken würde? Ja, es gibt Verrückte auf dieser Welt, es gibt Terrorismus. Nichts würde mehr sein, wie es einmal war, wurde zunächst prognostiziert.

Zugleich galt das Prinzip: *The show must go on*. In zwischenmenschlichen Beziehungen ebenso wie in jenen zwischen den Parteien kehrte bald wieder der Alltag ein: Statt des überfreundlichen überparteilichen Tons im Kongress stand schnell das früher übliche – und in einer Demokratie wohl notwendige – parteipolitische Hickhack auf der Tagesordnung. Überall mischten sich ins betonte Süßholzraspeln auch wieder bittere Töne.

Lauthals war nach dem 11. September der Abgesang auf Spaß, Unterhaltung und Humor angestimmt worden. Mitnichten. Der schwarze Humor blühte und gedieh weiter. Nicht zuletzt suchten viele in Spaß und seichter Unterhaltung Zuflucht vor den schrecklichen Erinnerungen. Was die einen als geschmacklos betrachteten, war für die anderen ein Ventil.

TV-Komödien kamen besser an denn je, Kabarettisten und Cartoonisten liefen – nach pietätvoller »Trauerphase« – zur Hochform auf. Kolumnisten listeten Tipps zur Gasmasken-Etikette auf (etwa: »Kaufen Sie sich ein kleineres Handy!« oder »Nehmen Sie sie ab, wenn Sie an einem Maiskolben nagen«), Frechdachse bestellen ihren Milchkaffee als »Osama bin Latte«. »Get back to normal« lautete die immer wieder zitierte Devise. Im Cartoon sagte freilich die amerikanische Ehefrau zu ihrem Ehemann: »Wie sollen wir wieder normal werden, wo wir doch nie normal waren?«

N

Null-Null-Sieben

Wer kennt ihn nicht, 007, alias James Bond? Aber wer weiß auch um den Hintergrund der Doppel-Null Bescheid? Ihren Ursprung hat sie in dem Washingtoner Viertel Georgetown, einer eleganten

Tipp! Wohn- und Einkaufsgegend mit britischem Flair, wo viele Politiker, Kongressangehörige und Lobbyisten wohnen. Entzückende Townhouses mit pittoresken Vorgärten, übersichtliche Shopping-Möglichkeiten, nette Gastgärten, unter anderem am Kanal und am Potomac – das sollten sich auch Touristen keinesfalls entgehen lassen!

Zur Herkunft der Code-Nummer 007 erzählte James-Bond-Erfinder Ian Fleming in einem Interview, dass er einen Teil der Postleitzahl von Georgetown verwendete. Komplett lautet sie: 20007.

Bonds Steckbrief liest sich laut Fleming so: »Größe 183 Zentimeter, Gewicht 76 Kilogramm, schlank, blaue Augen, schwarzes Haar, auf der rechten Wange eine senkrechte Narbe. Guter Sportler, ausgezeichneter Pistolenschütze, Boxer und Messerwerfer. Sprachen: Französisch und Deutsch. Starker Raucher. Leidenschaften: Alkohol (keine Exzesse) und Frauen.«

Bond verwendet keine Decknamen. Außerdem ist er von Ihrer Majestät der Königin autorisiert, dienstlich zu töten. Bei Fleming heißt es dazu: »Eine doppelte Null zu bekommen, ist nicht schwer, wenn man bereit ist, den Gegner abzuschießen.«

Die amerikanische Hauptstadt hat aber nicht nur den Code-Namen James Bonds inspiriert; sie beherbergt seit einigen Jahren auch das weltweit größte Museum, das sich der Spionage widmet. »Traue niemandem, sage nichts.« Das ist das erste, was der Besucher lernt. Was wie ein Lippenstift aussieht, kann eine Pistole sein (»Kuss des Todes«), das vermeintliche Hundstrümmerl verbirgt einen Sender, im Knopfloch versteckt sich eine Kamera.

Tipp! Das *International Spy Museum* liegt nur wenige Blocks vom US-Bundeskriminalamt FBI entfernt und erstreckt sich über fünf Gebäude.

Auch in der Realität sind in Washington mehr Spione tätig als in jeder anderen Stadt der Welt, weshalb das privat finanzierte 40-Millionen-Dollar-Museum gut in die amerikanische Hauptstadt passt. Die USA geben jährlich geschätzte 30 Milliarden

Dollar für ihre Geheimdienste aus – das macht stattliche 82 Millionen pro Tag.

Der Andrang ist riesengroß, Massen von Jung und Alt stürmen das coole Museum, um in die Welt der Spionage und des Kalten Krieges einzutauchen. Besucher – Erwachsene zahlen elf Dollar Eintritt – können eine falsche Undercover-Identität annehmen und mit zahlreichen Tests ausprobieren, ob sie das Zeug zum Agenten hätten. High-Tech-Ausrüstung für Agenten wird gezeigt, ein Streifzug durch die Geschichte der Spionage ermöglicht, berühmte Spione werden vorgestellt.

Nicht alle sind primär für Spionage bekannt. So erfährt man etwa, dass George Washington gegen die Briten spionierte oder dass Daniel Defoe britischer Spion war. Ian Fleming war selber Agent der britischen Marine und beriet die USA bei der Schaffung des amerikanischen Secret Service.

Selbst Österreichs Oberst Redl schaffte es, in die internationale Agenten-Galerie des Museums aufgenommen zu werden. Wien wiederum lässt sich auf einem Bildschirm unter den *hot spots of the cold war* anklicken, als eine Stadt, die »auf beiden Seiten Verräter hervorgebracht hat«, wie es heißt.

»James Bond ist der perfekte Filmspion«, schrieb die *Washington Post* in einem Bericht anlässlich der Eröffnung des Museums und ätzte: »Aber so wie er aussieht, hätte er Probleme, in einer Al-Qaida-Höhle herumzustreifen; die CIA hat ein ähnliches Problem.« Offiziell hat letztere keine Verbindung zu dem Museum, aber inoffiziell war sie sehr wohl mit Rat und Tat bei der Hand – nicht zuletzt wohl, um ihr angeschlagenes Image aufzubessern.

10

Obesity – Fettleibigkeit

Bereits zu Mittag ist das *Apetito's* gesteckt voll. Das Essen hängt über den Tellerrand, die Bäuche über die Gürtel. Das mexikanische Restaurant am Rande der texanischen Stadt San Antonio erfreut sich großer Beliebtheit. Ein besonderer Renner ist der Tagesteller *Mucho Grande Plate*, der für knappe neun Dollar Reichliches bietet: vier käseüberbackene Enchiladas, zwei Tacos, eine gefüllte Tortilla, Bohnenpüree, Reis und Guacamole – jenes grünlich glänzende Avocado-Gemisch, das auf der Zunge zergeht. Die Klimaanlage läuft auf Hochtouren, um das schweißtreibende Ess-Vergnügen zu erleichtern.

An der Kassa steht – wie ein Fels in der Brandung – Juniorchefin Kimberley Davis, in prallen Jeans und weitem Hemd. Die 29-Jährige ist eine stattliche Erscheinung mit ebenso stattlicher Frisur. Ihr Grundprinzip: »Kein Bissen vom eigenen Essen!« Mühsam hat sie von 137 Kilo auf knappe 100 abgenommen und möchte nicht noch einmal den Fehler machen, der ihr unterlief, als sie schon in Highschool-Zeiten im Restaurant der Mutter arbeitete: Am Arbeitsplatz nahm sie in wenigen Jahren Dutzende Kilo zu.

Nahezu an jedem Eck in San Antonio findet sich ein *Fastfood-* oder *Tex-Mex*-Restaurant. Mexikanisches Essen à la Texas: wenig

Gemüse, viel Schweineschmalz. Selbst der vermeintlich gesunde Salat versinkt im geriebenen Käse. Eine Zeit lang führte die 1,4-Millionen-Stadt im Herzen von Texas die Liste der *fat cities* der USA an. Die Zahlen ändern sich freilich regelmäßig, und ehe man sich versieht, läuft eine andere Stadt San Antonio statistisch den Rang ab. Und wieder eine.

Aber wie auch immer die jeweils *fattest city* heißt: Übergewicht und Fettleibigkeit betreffen 58 Prozent der US-Bevölkerung und entwickeln sich landesweit zur »Epidemie« Nummer eins. Sie sind der Hauptfaktor der steigenden Kosten im Gesundheitswesen.

Ab welchem Gewicht eine Person als übergewichtig oder fettleibig gilt, lässt sich via Body-Mass-Index errechnen (Gewicht in Kilo, dividiert durch das Quadrat der Größe in Meter; Übergewicht: BMI – 25, Fettleibigkeit: BMI – mindestens 30). Aber auch ohne die komplizierte Rechnung kann man es mit bloßem Augenmaß erkennen: Ein hoher Prozentsatz der Amerikaner, vor allem abseits der großen Städte, ist zu dick.

Zugleich scheint es nicht an Selbstbewusstsein zu mangeln. Die Shorts machen ihrem Namen alle Ehre, die Tops sind knapp. Die überschüssigen Kilos werden sichtlich ohne Gewissensbisse zur Schau gestellt. Dicksein ist in den USA kein Stigma. »Es gilt in unserer Gesellschaft nicht als Wert an sich, wie die abgemagerten Models in den Magazinen auszuschauen. Wo gern gefeiert wird, wird viel gegessen.«

»Alles ist relativ. Wenn so viele andere auch dick sind, empfindet man sein Übergewicht als gar nicht so schlimm«, meint der Direktor des Gesundheitsamtes einer *fat city* mit 65 Prozent Übergewichtigen und 31 Prozent Fettleibigen. »Es hat eine Weile gebraucht, *obesity* in den Köpfen als Gesundheitsproblem bewusst zu machen, zumal 30 bis 40 Prozent der städtischen Angestellten selber übergewichtig sind. Es ist aber nichts, worauf wir stolz sein sollten. Wir können uns nicht länger zurücklehnen und zuschauen.«

Ansätze und Programme gibt es viele. Für übergewichtige Kinder etwa, die lernen sollen, ihr Verhalten zu ändern. »Sie werden nicht auf Diät gesetzt, sondern sollen lernen, sich aus eigenem Antrieb richtig zu ernähren«, erklärt die Krankenschwester Nicole (23), deren sechsjähriger Sohn Jacob an einem speziellen Programm in ihrem Spital teilnimmt. Der pausbäckige, etwas schüchterne Bub hat offensichtlich Spaß dabei. In der Gruppe mit anderen Kindern, die das gleiche Problem haben und ihn daher nicht hänseln, lernt er, was gesund ist und was nicht; manchmal wird auch gemeinsam gekocht.

Die Kinder gewöhnen sich an, zum Beispiel Wasser statt Cola zu trinken oder aus Langeweile nicht zu essen, sondern etwa spielen zu gehen.

Dass die Mutter selber ein Gewichtsproblem hat, bleibt bei unserem Treffen unerwähnt, obwohl es augenfällig ist. Nur indirekt kommt es zur Sprache, als sie berichtet, dass »das Programm für die ganze Familie Konsequenzen hat«. Der Speiseplan wurde umgestellt: »Kaum noch Fastfood, und überhaupt gehen wir jetzt viel weniger auswärts essen.« Die Gewichtsprobleme sollen sich nicht zu Gesundheitsproblemen auswachsen: »Es ist letztlich die Verantwortung jedes Einzelnen, aber Kinder müssen von ihren Eltern angeleitet werden.«

Die amerikanische Jugend ist auch das große Sorgenkind der Gesundheitsbehörde. Es ist auffallend, dass immer mehr Kinder Anzeichen von Fettleibigkeit zeigen. Derzeit sind 15 Prozent der sechs- bis 17-jährigen Amerikaner übergewichtig, wobei sich die Zahl in den letzten drei Jahrzehnten verdreifacht hat, Tendenz steigend. Immer häufiger werden bereits an Kindern Krankheiten diagnostiziert, die mit Übergewicht zu tun haben und üblicherweise erst in höherem Alter auftreten, etwa Diabetes II oder Hypertonie.

Generell ist Übergewicht mit enormen Gesundheitsrisiken verbunden: Diabetes, Herzkrankheiten, Krebs, Augen- und Nierenprobleme, sogar Depression. Die Gesundheitsversorgung von

Übergewichtigen kostet den amerikanischen Staat laut einer Studie 37 Prozent mehr als bei Normalgewichtigen. Die enormen Kosten von knapp 100 Milliarden Dollar im Jahr sind mit jenen vergleichbar, die das Rauchen verursacht. Während es jedoch auf Zigaretten höhere Steuern und Versicherungsprämien für Nichtraucher gibt, wird in Sachen Übergewicht vom Staat bisher kaum etwas unternommen.

Obesity sollte genauso aggressiv bekämpft werden wie Rauchen, fordert die Studie. »Es gibt eine ständige Debatte darüber, ob Übergewicht Sache des Einzelnen oder der Gesellschaft ist«, sagt Eric Finkelstein, einer der Autoren, »aber da der Staat – und letztlich der Steuerzahler – die Hälfte der finanziellen Last trägt, ist die Regierung berechtigt, ja geradezu verpflichtet, etwas zu unternehmen.«

Natürlich räumen die Experten ein, dass ein grundlegender Unterschied zwischen Zigaretten und Essen besteht: Letzteres ist lebensnotwendig und – in Maßen genossen – nicht schädlich. Auch Schadenersatzklagen gegen Fastfood-Firmen, wie sie gegen die Zigarettenindustrie so erfolgreich waren, werden gemeinhin als unberechtigt betrachtet. »Solche Klagen sind kontraproduktiv«, erklärte dazu der Gesundheitsexperte James Glassman. »Indem sie die Verantwortung des Einzelnen herunterspielen, ermutigen sie geradezu zur Fettleibigkeit.«

Viele sind der Ansicht, dass man in den Schulen ansetzen sollte. Das Essen in den Kantinen lässt häufig arg zu wünschen übrig, und landesweit nimmt nur einer von vier Teenagern an irgendeiner Art von Turnunterricht teil, der oft nicht verpflichtend ist. Kinder (wie Erwachsene) verbringen zu viel Zeit sitzend, vor dem Fernsehapparat oder dem Computer – *Couch potatoes*. Das Fernsehen scheint einer der Hauptfaktoren für Übergewicht zu sein: Fernsehen als billigster Babysitter. Mehr Druck in der Schule, weniger unbeschwertes Spiel.

Dazu kommen gestresste Eltern, die beide arbeiten – und zwar mehr Stunden als früher – und keine Zeit zum Kochen haben, sowie die leichte Verfügbarkeit von Fastfood. Zwischen 1972 und 1997 hat sich die Zahl der Fastfood-Lokale in den USA verdoppelt. Auch die Größen der Portionen in den Restaurants sind drastisch gewachsen. Aus ein und demselben Nestlé-Rezept für Schokoladekekse, aus dem man in den Fünfzigerjahren 100 Kekse machte, gewinnt man heute laut Anleitung 60 Stück.

Auch genetische und sozioökonomische Faktoren spielen eine Rolle. Wie die Statistik zeigt, neigen Native Americans und Latinos eher dazu als Weiße, übergewichtig zu werden. Es hat auch mit den Essgewohnheiten zu tun. Viele → **Latinos** verwendeten in ihrer Kindheit statt Besteck Tortillas, die sie dann natürlich auch aufessen. Während *Hispanics* jedoch in ihren Ursprungsländern oft trotz Armut gesund und schlank bleiben, wirkt sich das schwere Essen in Kombination mit dem amerikanischen Lebensstil verhängnisvoll aus. Sozial schwächere Gruppen sind stärker gefährdet, während Übergewicht von der Mittelklasse aufwärts ein relativ geringes Problem ist.

Vieles lässt sich heute schon *drive-thru* erledigen, selbst Bankgeschäfte und Besorgungen in der Apotheke, und wehe, der elektrische Garagentoröffner funktioniert einmal nicht. Die Ausdehnung der Städte in weitläufige Vororte tut das Übrige: Die Entfernungen sind so groß, dass zu Fuß kein Weiterkommen ist. Zumal es häufig gar keine Gehsteige gibt. »Wir müssen künftig direkter mit den Stadtplanern zusammenarbeiten«, meint ein Gesundheitsbeamter, »und sicherstellen, dass es für unsere Kinder ungefährlich ist, in den Park zu gelangen und dort zu spielen.« Der städtische Raum gehöre so umstrukturiert, dass die Bevölkerung wieder mehr miteinander in Verbindung gerate. »Der zwischenmenschliche Kontakt ist verloren gegangen. Die Couch gehört wieder auf die Veranda!«

Und die Menschen auf die Straße. Mit speziellen Programmen versuchen viele Städte, ihre Bewohner zu regelmäßiger Bewegung zu motivieren. Aus *fat cities* sollen *fit cities* werden, hoffen die Gesundheitsbeamten. Auf ihrer Wunschliste stehen unter anderem Gutscheine beziehungsweise Subventionen für Obst und Gemüse, höhere Steuern auf ungesundes Essen sowie Anreize für Krankenversicherungskunden und Arbeitnehmer, bei Gewichtsabnahme Vergünstigungen zu bekommen – sowie Motivation zum Sport.

→ **Junkfood**

Öffnungszeiten

Von amerikanischen Öffnungszeiten kann man anderswo nur träumen. Am Wochenende und bis spät in die Abendstunden ist sowieso alles geöffnet, manches sogar durchgehend. Im so genannten *24-hours-Safeway* etwa kann man rund um die Uhr einkaufen. Wann es gerade am besten passt, nach dem Abendausgang oder der Rückkunft von einer Reise, wenn der Kühlschrank leer ist. Auch um einem → **Jetlag** vorzubeugen, erweist sich ausgedehntes abendliches Shopping als geeignet.

Anfangs waren wir fasziniert und gingen prinzipiell nur spät nächtens Lebensmittel einkaufen. Um die Freiheit auszukosten und aus Freude an den leeren Gängen im Supermarkt zur Geisterstunde, wo man sich so richtig austoben kann und niemals an der Kasse warten muss. Auch die Ladenkette *Seven/Eleven* trägt ihren Namen übrigens aufgrund der ursprünglichen Öffnungszeiten: von sieben Uhr früh bis elf Uhr abends. Mittlerweile ist aber auch diese »Kernzeit« erweitert worden.

Nie muss man in den USA nach dem Büro in den Supermarkt hetzen, um noch schnell vor Ladenschluss einzukaufen. Nie muss man fürs Wochenende aufmagazinieren. Fehlt plötzlich ein Werkzeug – ab in den Hardware-Store. Berufstätige haben keine Probleme, Zeit zu finden, um Kleidung etc. zu kaufen. Für akut notwendige Medikamente braucht man nicht mühsam eine diensthabende Apotheke zu suchen: Irgendein nahe gelegener

Drugstore à la CVS hat sicher offen. Wobei es dort nicht nur eine Arznei-Theke gibt, sondern auch jeglichen Drogeriebedarf, Papierwaren, kleine Geschenke und Spielwaren sowie Naschereien und Getränke. *Drugstore*, wir lieben dich!

Konsum ist immer möglich. Was viele Vorteile, aber auch Nachteile hat. Bei uns kann man sich shoppingwütigen Jugendlichen gegenüber zumindest auf Öffnungs- beziehungsweise Schließzeiten berufen. Und immerhin am Sonntag herrscht Ruhe vor dem Einkaufssturm, zu Englisch: *Shopping-Spree*. Dass die Kauf- (und auch die Wegwerf-)sucht in den USA noch viel größere Ausmaße als bei uns annimmt, hat sicher unter anderem mit den grenzenlosen Öffnungszeiten zu tun. Entsprechend hoch ist auch die Verschuldung bereits junger Menschen, die bargeldlos kaufen, was das Zeug hält, ohne ein Gespür für die wahren Kosten zu haben.

Outfit

Mit der Kleidung nehmen es die Amerikaner nicht so genau. In schlurfigen Jogginghosen, Turnschuhen, ausgebeulten Klamotten bewegen sie sich durch den Alltag. Dem Outfit wird keine besondere Bedeutung beigemessen. Umgekehrt begegnen uns natürlich auch jene schicken, gestylten Ladies, wie wir sie etwa aus *Sex and the City* kennen. Das breite Spektrum umfasst einfach alles.

Business people tragen auf dem Weg zur Arbeit zur Bürokleidung oft Turnschuhe, die sie erst am Arbeitsplatz gegen eleganteres Schuhwerk austauschen. Und am Freitag gibt man sich überhaupt locker: *casual friday* lautet die Devise. Das Wochenende naht.

Wenn es wirklich formell wird und *black tie* auf der Einladung steht, gilt es, sich ins Dinnerjacket (ohne schwarze Krawatte!)

oder Cocktailkleid zu werfen. Aber besonders vornehm wird es nur selten. Ein Leben wie in einem großen Pyjama. Das Äußere ist zweitrangig.

Oder doch nicht? Wenn man bedenkt, wie viele Amerikaner(innen) sich Schönheitsoperationen unterziehen, Botox spritzen, die Tränensäcke straffen lassen etc., wird einem mulmig. Frauen, die wie lackierte Hutschpferde herumlaufen, Männer, die sich die Haare färben. Maniküre, Pediküre, Gesichtsbehandlung. Eine künstliche Welt. Es gibt eben wieder einmal beide Extreme. Wie in so vielen anderen Bereichen auch.

P

Patriotismus

Stars & Stripes, wohin das Auge blickt. Riesige Fahnen, die an kleinen Einfamilienhäusern wehen, Fähnchen in den Blumenbeeten. Patriotische Anstecknadeln, Hals- und Stecktücher. Hunde mit entsprechenden Halsbändern. Der Amerikaner ist ein Patriot. Durch und durch. *United we stand, in God we trust, e pluribus unum.* Solche Aufschriften sind sogar auf der eingeschweißten Wäsche zu lesen, die man aus der Putzerei abholt.

Auf Fremdlinge wirkt der Stolz der Amerikaner auf ihr Land reichlich übertrieben. Worauf gründet er sich denn, was hat der Einzelne zu diesem *great country of ours* beigetragen? Vielleicht hat es ja auch damit zu tun, dass eine Vielzahl von Amerikanern noch nie außer Landes war und daher keine anderen Kulturen kennt. Wozu auch? Die USA sind riesig und bieten an Naturschönheit alles, was das Herz begehrt.

Von Kindesbeinen an wird den Amerikanern eingetrichtert, dass sie das Glück haben, im großartigsten Land der Welt geboren zu sein. Jeder Schultag beginnt mit dem *pledge of allegiance*, dem Schwur auf die US-Fahne. Hand aufs Herz, das Sprüchlein aufgesagt. Auch ausländische Schüler müssen mitmachen und fühlen sich etwas deplatziert. Schließlich hatten die Armen das Pech, nicht im besten Land der Welt geboren worden zu sein.

So heterogen die USA zusammengesetzt und die einzelnen Bundesstaaten »unabhängig« sind, so sehr fühlen sich die Bürger im Grunde dennoch *united*. Durch Sprache, Währung, Werte und Gepflogenheiten, die nun einmal landesweit gelten. *God bless America!*

Der Patriotismus, der selbst in »Friedenszeiten« stark ausgeprägt ist, bordet in außergewöhnlichen Situationen, wie nach dem 11. September 2001 oder während des Krieges – ob sich selbiger nun gegen konkrete Länder oder abstrakt gegen den Terrorismus richtet –, völlig über. Er dürfte in gewisser Weise den Beitrag der amerikanischen »Normalverbraucher« zu »ihrem« Krieg darstellen, der an mehreren Fronten geführt wird und so schwer fassbar ist. Je länger der Ausnahmezustand jedoch anhält, umso mehr scheint der Extrem-Patriotismus zu verblassen.

Der unbeteiligte Beobachter empfindet angesichts dessen gemischte Gefühle. Man sang nach → **Nine-eleven** bei den Trauerfeiern brav mit, nahm sich vor, endlich die entsprechenden Texte zu lernen, hängte eine Fahne ins Fenster. Aber irgendwann wird es bei aller Solidarität zu viel. Da entwickelt man dann eine Aversion gegen Stars & Stripes, gegen Rot-Blau-Weiß. Die Dosis macht das Gift, wie mein Vater immer zu sagen pflegte. Unsereins läuft ja auch nicht ständig in den Landesfarben herum und lobt mit einer gewissen Überheblichkeit die eigenen Vorzüge.

Pedestrian

Als natürliche Fortbewegungsart wird in den USA das Autfahren angesehen. Fußgänger sind per se verdächtig, außer in Stadtzentren oder den – höchst seltenen – Fußgängerzonen. »Eines Tages bin ich von einer Polizeistreife aufgehalten worden, weil ich zu Fuß von der Bushaltestelle nach Hause ging«, schrieb mir ein Österreicher, der in Ohio lebt, »es ist aber auch schwer, zu Fuß zu gehen. Außerhalb von Stadtzentren gibt es keine Gehsteige, das Auto beherrscht die Straße. Ab und zu sehe ich einen Radfahrer, der muss sich verirrt haben oder vom Himmel gefallen sein.« Und weiter berichtet der frustrierte Fußgänger: »Während man zu Hause immer in Bewegung ist (man geht die paar hundert Meter zum Wirtn oder zum Billa zu Fuß), ist dies hier kaum möglich. Abgesehen davon, dass es lebensgefährlich ist, außerhalb des Stadtzentrums eine Straße per pedes zu betreten, sind eben der Wirt und der nächste Supermarkt meilenweit entfernt, sodass man das Auto nehmen muss.«

Genau so ist es! Was in einem Land von der Größe der USA kaum überrascht. Dass allerdings selbst die kürzesten Distanzen mit dem Auto zurückgelegt werden, wäre natürlich nicht notwendig. Heute, wo man erkannt hat, wohin der Bewegungsmangel führt, ist tatsächlich ein Trend zum Zu-Fuß-Gehen zu bemerken; manche Städte bauen gar ihre Gehsteige aus!

Aber wie es scheint, handelt es sich bei der Verweigerung, die Füße einzusetzen, um eine alte Tradition, die schon die vielzitierten *Founding Fathers*, die Gründungsväter der USA, pflegten. So ist in dem Buch »George Washington« (Franz Herre, S. 64, DVA) nachzulesen: »Merkwürdig fand es der Engländer, dass in Virginia jeder reite und keiner zu Fuß gehe; selbst wenn ein Virginier nicht einmal fünfhundert Yards von der Kirche entfernt wohne, bewege er sich nur hoch zu Ross dorthin, bemerkte ein Franzose. Washington mache da keine Ausnahme.« So also erklärt sich die Liebe der Amerikaner zu den Pferdestärken.

Phone solicitors

Gerade hat man sich zum Esstisch gesetzt, und schon läutet das Telefon. Man steckt in einer kniffligen Arbeit – ring ring. Mitten in die Siesta hinein klingelt es. X-mal am Tag wird man von so genannten *phone solicitors* gestört. Telemarketing ist in den USA eine wahre Landplage. Banken, Telefon- oder Kreditkartengesellschaften, aber auch jedwede Abart von Staubsaugervertretern sowie andere Firmen verkaufen listenweise Telefonnummern und andere Informationen an potenziellen Kunden, wie etwa Familienstand, Einkommen etc.

In der Folge will einem ständig jemand telefonisch etwas andrehen: ein Zeitungsabonnement, am besten mit jahrelanger Verpflichtung, aufschwatzen, eine Reise, eine Versicherung; der Anrufer möchte einem Spenden aus der Tasche ziehen, die linke Niere abnehmen und Ähnliches. Es scheint, als gäbe es kein Entkommen.

Eine wesentliche Fertigkeit, die sich Amerikaner und Wahlamerikaner daher aneignen müssen, ist das erfolgreiche Abschütteln von lästigen *phone solicitors*. »Nein danke, ich bin nicht interessiert.« Das wäre die einfachste Möglichkeit. Oder gleich den Hörer hinzuknallen, sobald man erkennt, dass ein »Vertreter« am anderen Ende der Leitung lauert.

Aber so simpel gestaltet sich die Abwehr in der Praxis leider nicht, denn die *phone solicitors* sind extrem hartnäckig. So schnell lassen sie sich nicht abwimmeln, jegliche Unhöflichkeit scheint an ihrem dicken Fell abzuprallen. Auf der anderen Seite gibt es natürlich viele Leute, denen zwar bisher nicht bewusst war, dass sie beispielsweise eine Luftmatratze mit integrierter Kühltasche brauchen, die sich dies aber gern einreden lassen.

Die Autorin gehört eindeutig zu dieser Gruppe von Menschen. Klipp und klar nein zu sagen ist nicht ihre Stärke. Pro Tag hat sie in Amerika sicher durchschnittlich zehn Minuten im Gespräch mit *phone solicitors* verbracht, was in vier Jahren immerhin 243,5 Stunden ergibt. Viel Zeit, die sie wohl sinnvoller hätte nützen können. Aber eine authentische amerikanische Erfahrung war es allemal.

Dabei kann man sich heutzutage für den Umgang mit *phone solicitors* Tipps in diversen Ratgebern holen. Bald wird es vielleicht sogar auch Seminare geben, wie etwa zur Raucher-Entwöhnung. 50 Wege, mit Telemarketers fertig zu werden, weist etwa das Büchlein *Fun with phone solicitors*, Geschenk eines amerikanischen Freundes, der allmählich mit mir Mitleid bekam. (Robert Harris, Warner Books)

Da wird zum Beispiel empfohlen, gegenüber dem lästigen Anrufer eine Telefonistin zu mimen. »Ms. X? Einen Moment bitte, ich verbinde.« Dann drückt man zwei Tasten, und wenn der *solicitor* wieder bei einem landet, wiederholt man das Spielchen, bis man ihn zermürbt hat.

Aber es gibt auch andere Möglichkeiten der Verstellung: Etwa so zu tun, als ob man ein Anrufbeantworter wäre, oder sich als Teenager auszugeben und wiederholt lauthals nach der Mommmmmm zu schreien (so genannter *Teenager-Transfer*).

Dann wäre da die Mittelsmann-Methode, bei der man in Richtung einer fiktiven Person alles wiederholt, was der *solicitor* sagt. Oder man ruft einen – ebenfalls fiktiven – Hund während des Gesprächs ununterbrochen zur Ordnung: »Hier spricht X von der Firma Y, wir haben ein *special offer* ...« – »Aha, worum geht es denn – braaaaver Hund!« – »Es gibt da neue Heizkörper ...« – »Sitz!« und so weiter, und so fort ...

Der Kreativität sind absolut keine Grenzen gesetzt. Man kann Wörter erfinden, um den Telemarketer zu verwirren, oder ihn hypochondermäßig mit eingebildeten Krankheiten nerven beziehungsweise sich völlig paranoid geben. Ins Telefon heulen, weil angeblich gerade ein Verwandter gestorben ist, oder dreist behaupten, dass die angerufene Nummer schon seit langem nicht mehr existiere.

Anstatt die Anrufer als Störenfriede zu betrachten, nimmt man es einfach als Spiel. Bei einem meiner lästigsten Verfolger, der kein *phone solicitor* im engeren Sinn war, sondern irgendeiner ominösen Organisation angehörte, für die er mich gewinnen wollte, verlegte ich mich schließlich darauf, mich als meine eigene Schwester auszugeben.

»She sounds exactely like you«, schwärmte er, als er mich das nächste Mal doch erwischte, genau der gleiche charmante Akzent. Und ich musste mir wieder etwas Neues einfallen lassen.

Photo opportunity & scenic view

Erwähnten wir schon, dass in den USA alles reglementiert ist? Was erlaubt, was verboten ist. *It's the rule, it's the law.* Die Amerikaner sind daran gewöhnt, dass ihnen gesagt wird, was wann wie zu tun ist. Angestellte in Restaurants werden am Klo explizit darauf hingewiesen, dass sie sich nach verrichtetem Geschäft die Hände waschen *müssen*. Ein Handlungsrahmen, der Hilfe bietet, gerade von Ausländern aber oft als einengend empfunden wird, zumal sie sich im *country of freedom* wähnen.

Nur dort, wo ein Picknickplatz ist, werden die Sandwiches ausgepackt, nur auf dem ausgeschilderten Campingplatz die Zelte aufgeschlagen. Eine Person, die in der U-Bahn isst, wo dies als verboten ausgeschildert ist, riskiert, in Handschellen abgeführt zu werden (tatsächlich schon passiert!). Regeln haben befolgt zu werden, und damit basta. Der Vorteil davon ist natürlich, dass das öffentliche Leben in äußerst geordneten Bahnen abläuft. Man weiß einfach, woran man ist. Wobei es übrigens nicht immer nur um Verbote geht. Manchmal ist genau das Gegenteil der Fall: Da fährt man etwa durch die Lande und wird plötzlich auf die geeignete *photo opportunity* hingewiesen. Also nichts wie stehen geblieben und abgeknipst. Es erinnert ein bisschen an den Pannenplatz, wie er entlang unserer Autobahnen ausgeschildert ist. Sagen Sie einmal Ihrem Wagen, dass er genau *dort* zusammenbrechen soll. In Krumbach macht das Auto bum-krach, heißt es sprichwörtlich – aber so einfach ist es leider nicht.

Genießen lässt es sich auch, eine Straße mit *scenic view* zu fahren. Zur schönen Aussicht quasi. Aber haben wir wirklich

P

einen extra Hinweis gebraucht? Als ob man seinen eigenen Augen nicht trauen könnte! Okay, es gibt auch bei uns schon eigens markierte *Panoramastraßen*, aber im Grunde ist davon auszugehen, dass man den schönen Blick, der sich auf der Fahrt bietet, aus eigener Kraft erkennt.

Vorausgesetzt, dass das Wetter schön ist. Eine nebelverhangene Panoramastraße mutet indes ziemlich ironisch an. Wohl weil wir so kritisch sind, haben wir in den USA die *scenic views* zumeist bei schlechtem Wetter erlebt. Sodass sie in unserem Sprachgebrauch bald zu Ich-*seh-nix-view* mutierten …

Political correctness

Kurz auch PC genannt. Ein Schlagwort, das mittlerweile aus den USA auf viele andere Länder übergegriffen hat, seine Hoch-Zeit seit den späten Neunziger Jahren aber bereits hinter sich haben dürfte. Als politisch inkorrekt gelten Ausdrücke und Formulierungen, durch die sich Minderheiten diskriminiert fühlen könnten. Ziel der PC-Verfechter ist es, diese zu vermeiden – oder gar zu verbieten.

Wer früher einmal als »Krüppel« bezeichnet wurde, ist heute *disabled* oder besser noch *differently abled*; ein Kleinwüchsiger *vertically challenged* (letzteres blieb freilich ein Scherz). *Crazy* heißt nun *mentally ill*, Berufsbezeichnungen versucht man in einer geschlechtsneutralen Form zu verwenden. Der Partner oder die Partnerin trägt den etwas spröden Titel *significant other* (man will schließlich nicht vorgreifen), und zu Weihnachten werden *seasons's greetings* versandt, um das gesamte Religions- oder Nichtreligionsspektrum abzudecken.

Aus »Negern« sind Farbige, Schwarze, Afroamerikaner geworden, aus Indianern *Native Americans*. Die *Redskins*, das Washingtoner Football-Team, stehen seit Jahren unter großem

Druck, ihren Namen zu ändern. Rothäute – das ist nun wirklich nicht politisch korrekt!

Sensibilität zu erzeugen, erscheint vernünftig. Viele Änderungen sind logisch und praktikabel. Aber es gab auch Auswüchse und Absurditäten, die in politischem Hickhack ausgeschlachtet wurden und ein gefundenes Fressen für Fernsehclowns und Kabarettisten waren und es immer noch sind. Auf dem Sender ABC etwa lief regelmäßig die Show *»Politically incorrect«*.

Anfang der neunziger Jahre waren an amerikanischen Universitäten, der Wiege der *Political correctness*, Leitfäden zum politisch korrekten Sprachgebrauch ausgegeben worden. Nicht nur die üblichen -ismen sollten vermieden werden (Rassismus, Sexismus, Heterosexismus, Ethnizentrismus), sondern auch explizite Hinweise auf das Alter von Personen, das Aussehen (Diskriminierung durch die Konstruktion eines Schönheitsstandards), die geistigen Fähigkeiten, die finanzielle Lage. Aus *poor* wurde *needy, deprived, underprivileged*, schließlich *disadvantaged*. Slums sind heute kulturell deprivierte Milieus.

An den Universitäten hatte man sich in den achtziger Jahren auch gegen Pflichtkurse zur *Western Civilisation* gestellt. Die Vertreter der Aufklärung wurden als *dead white European males* zu Feindbildern, der Lehrstoff sollte auch weibliche und außereuropäische Autoren umfassen. Überhaupt wurden im Hochschulmilieu strengste PC-Regeln eingeführt und durchgesetzt. Wehe, ein Professor trug ein mehrdeutiges, also »falsches« T-Shirt, schaute einer Studentin »zu« tief in die Augen oder half einem gestolperten weiblichen Wesen ein bisschen zu tatkräftig auf. Mehr als ein Griff an den Ellbogen könnte schon als *sexual harassment* aufgefasst werden.

Ursprünglich hatten sich in den Sechziger Jahren junge Linke mit den Worten »politisch korrekt« ironisch von der rigiden Parteilinie distanziert. Dann kämpften Minderheiten unter dem Schlagwort *Political correctness* für ihre Gleichberechtigung. Bald wurde daraus ein bitterer Kampfbegriff: Konservative machten aus der *Political correctness* eine Chiffre zur Ablehnung jeglicher linker Antidiskriminierungsbewegungen.

Generell gibt es viel – auch politisch unabhängige – Kritik an der PC: Die Vorschreibung »korrekten« Sprachgebrauchs komme einer Zensur gleich und verstoße gegen die Redefreiheit; politisch korrekte Umschreibungen seien oft Euphemismen, die an den Tatsachen nichts ändern, zugleich aber die Verantwortung des Einzelnen herunterspielen, beispielsweise wenn man statt von *juvenile delinquents* von *children at risk* spreche. Bei geschlechtsneutralen Formulierungen wiederum würde die weibliche Form fast ausschließlich in positivem Zusammenhang verwendet, nicht jedoch zum Beispiel bei Terroristen, wo das Englische die Möglichkeit der Schreibweise »TerroristInnen« nicht hat.

Nicht zuletzt stellt sich die Frage, was die angesprochene Gruppe selbst von einer Umbenennung hält: Taube etwa werden die Bezeichnung *hearing-impaired*, die in den USA heute gern statt *deaf* gebraucht wird und auch leichtere Formen von Schwerhörigkeit mit einbezieht, möglicherweise als zynisch empfinden.

Potluck dinner

Gesellige Zusammentreffen laufen in den USA meist sehr unkompliziert ab. Natürlich gibt es auch eher steife gesetzte Abendessen mit raffinierten Menüs, aber oft lädt man einfach ein und ersucht jeden Gast, etwas mitzubringen. Während dieser Art, Einladungen abzuwickeln, bei uns etwas Studentisches anhaftet und man »es« ab einem gewissen Alter einfach nicht mehr tut, ist es in Amerika gang und gäbe.

Potluck heißt das Zauberwort, und niemand hat damit ein Problem. Entweder man versucht als Gastgeber, die Mitbringsel ein wenig abzustimmen, oder man lässt es einfach auf sich zukommen. Es hat immer noch geklappt und gut geschmeckt!

Power nap

Der US-Amerikaner gibt keine Schwäche zu: Also genehmigt er sich um die Mittagszeit nicht eine Pause zum Entspannen, ein Schläfchen, eine Siesta (zur *sechsten* Stunde des Tages), sondern er macht ein so genanntes *power nap*. Was natürlich de facto genau das Gleiche ist, aber in der Formulierung viel aktiver klingt. Einer Welt*macht* auch angemessen. Ein bisschen *nappen*, dabei neue Kraft und Energie schöpfen. Denn auf das Etikett kommt es an: Aus dieser Perspektive braucht man sich absolut kein schlechtes Gewissen wegen der »faulen« Arbeitsunterbrechung zu machen.

Was in mediterranen Gegenden seit Jahrhunderten gang und gäbe ist, um der ärgsten Mittagshitze zu entkommen, erfreut sich ja auch in vielen anderen Ländern großer Beliebtheit – nur hat man dort eben leider nicht die Ausrede der unerträglichen Temperaturen. Die schlauen Amerikaner freilich offerieren eine wissenschaftliche Begründung: Die Siesta soll Produktivität, Aufmerksamkeit und Denkvermögen steigern, ergaben Studien in US-Unternehmen.

Manche amerikanische Firmen haben für ihre Beschäftigten denn auch *nap-rooms* (Nickerchen-Räume) eingerichtet, was nebenbei einen starken Rückgang des Kaffeekonsums zur Folge hatte. Ein Traum! Schön wär's, wenn auch heimische Arbeitgeber zu dieser Einsicht kämen.

Und stellen Sie sich Folgendes vor: In New York gibt es gar ein eigenes *Nap-Center*, wo man sich hoch über Autolärm und Sirenen um 14 Dollar für 20 Minuten zur Ruhe legen kann. Und das in der Stadt, die angeblich niemals schläft!

In unseren Breitengraden müsste ein müder Tourist wohl auf ein Stundenhotel zurückgreifen, um zeitweilig die Beine hochzulagern. Aber da haben wir's wieder mit der positiven Formulierung und dem guten Gewissen: Ein Nap-Center macht doch viel mehr her!

Prüderie

Was Sie in den USA nicht tun sollten: sich beim Baden allzu ungeniert umziehen, oben-ohne in der Sonne liegen und ähnliches. Die Amerikaner sind reichlich prüde, auch wenn freizügige Hollywood-Filme den gegenteiligen Eindruck erwecken mögen.

Ein blaues Wunder erlebt man (frau) auch, wenn sie beispielsweise zum ersten Mal in Übersee zum Gynäkologen geht. Wie ein Marsmännchen sieht er aus. Über die Patientin wird eine Art Riesenzelt gespannt, unter dem sich irgendwo ihre zu untersuchenden *private parts* verbergen.

Auch Kinder werden in Aufklärungsbüchern vergebens nach dem suchen, was sie eigentlich interessiert. Denn die Körper werden nicht nackt gezeigt, sondern in Unterhose. Nicht einmal Kleinkinder dürfen ins öffentliche Bad, wie Gott sie schuf. Und Erwachsene würden niemals ohne Badeanzug eine Sauna besuchen.

Gerade erst empörten sich die Amerikaner über das Titelbild eines Magazins, das eine stillende Frau zeigte. Sie fühlen sich von der Brust sichtlich erschlagen. Ähnlich dürfte es Justizminister Ashcroft gegangen sein, der während der ersten Bush-Regierung in seinem Ministerium die Statue der Justitia hinter einem Vorhang verschwinden ließ. In klassischer Manier hatte sie ihre Brüste entblößt.

Zur gleichen Zeit liefen in einem Washingtoner Theater als großer Publikumserfolg die »*Vagina Monologues*« der amerikanischen Autorin Eve Ensler, in dem eine Vagina einen Abend lang explizite Reden schwingt. Sagten wir schon, dass die USA ein Land der Widersprüche sind?

Q

Quality time

Der Amerikaner verbringt nicht einfach Zeit mit seinen Liebsten, sondern er widmet sich der Familie mit ganzem Herzen und voller Aufmerksamkeit. *Quality time* lautet das Schlagwort. Da diese oft knapp bemessen ist – weil die Amerikaner viel Arbeit und wenig Urlaub haben –, muss sie qualitativ umso hochwertiger sein. Da läuft das Kind oder der Partner nicht einfach so nebenher; da wird wirklich gemeinsam etwas unternommen. *Bonding* nennt man es auch, das Knüpfen von Banden, die Pflege der Liebe zwischen Mutter und Kind. Oder Vater und Sohn: *male bonding*.

Dazu passt, dass die meisten amerikanischen Häuser zusätzlich zum Wohnzimmer über einen *family room* verfügen, womit dem Familienleben auch namentlich Rechnung getragen wird. Und einen *den*, das ist eine Höhle, in die man sich verziehen kann, meist mit einem Fernsehgerät ausgestattet.

Quality time im *family room* – so läuft das amerikanische Familienleben also idealerweise ab. Zumindest an der Oberfläche. Auf unsereinen wirkt die *quality time* indes eher wie ein Pleonasmus. Aber wir Europäer machen üblicherweise auch kein → **power nap**, sondern bloß ein Schläfchen. Haben nicht immer ein Lächeln auf den Lippen und tun uns schwer, alles positiv zu sehen: Ein Amerikaner ist ja beispielsweise auch nicht arbeitslos, sondern – fröhlich formuliert – *between jobs*, kein einsamer Single, sondern *between girl (boy) friends*. Oder, wie es eine amerikanische Krimiautorin auf die Spitze treibt: *between heart attacks*.

Und wenn's einmal ein bisschen düsterer aussieht: Die nächste *quality time* kommt bestimmt …

→ Glück

Quarter, Nickel, Dime

Der Dollar ist heutzutage ja eine allseits vertraute Währung, mit der sich die meisten auskennen. Aber die Münzen-Melange, die im Ausland immer in der Geldbörse scheppert – oft angereichert mit Euro(cent), den Resten vom letzten Englandurlaub und Bettelarmbandanhängern –, ist dennoch ungewohnt und häufig verwirrend.

Umso angenehmer, dass es – im Gegensatz zum Euro – Ein-Dollar-*Scheine* gibt, womit sich die Münzenmenge automatisch reduziert. Wer zufällig auf einen Zwei-Dollar-Schein stößt, sollte ihn behalten: eine Seltenheit von zumindest symbolischem Sammlerwert!

An Coins gibt es die 25-Cent-Münze, den *Quarter* – ein Viertel von einem Dollar. Quarters kann man nie genug haben, und manche sammeln sie zu Hause turmweise: Man braucht sie für Automaten, Waschmaschinen, Parkuhren etc. Mit einem Durchmesser von knapp zweieinhalb Zentimeter (genau: 24,26 mm) ist der Quarter leicht zu erkennen und schnell aus der Börse gefischt. Auf der einen Seite der erste Präsident der USA *George Washington* im Profil, auf der anderen der *presidential coat of arms*: ein Adler mit ausgebreiteten Schwingen.

Seit 1999 ist eine neue Serie in Prägung, bei welcher der Adler durch Symbole aus den einzelnen Bundesstaaten ersetzt wird, etwa Segelschiffe für Virginia oder Musikinstrumente für Tennessee. Pro Jahr gibt es fünf neue *state quarters* – in der Reihenfolge, in der die Staaten der Union beigetreten sind, sodass die Serie im Jahr 2008 komplett sein wird. Viele Amerikaner haben sich Sammelalben zugelegt, oft in Form einer großen Landkarte mit kleinen Ausnehmungen für die Münzen, wo man diese der Reihe nach einsetzen kann.

Die dünnste, kleinste und leichteste US-Münze ist der *Dime* im Wert von 10 Cent. 17,91 Millimeter im Durchmesser, zeigt er Präsident *Franklin Delano Roosevelt* im Profil (der einzige US-Präsident, der vier Amtszeiten absolvierte), und wie auch beim Quarter zeigt ein winziger Buchstabe rechts unten darauf hin, in welchem Bundesstaat die Münze geprägt wurde: P für Pennsylvania, D für Delaware, C für California etc. Auf der Rückseite ist eine Fackel mit einem Oliven- und einem Eichenzweig abgebildet. Die beiden Zweige symbolisieren einerseits Amerikas jederzeitige Einsatzbereitschaft zum Krieg sowie den prinzipiellen Wunsch nach Frieden. Wegen der möglichen Assoziation mit dem Symbol der Faschisten erntete das Design später Kritik.

Die Fünf-Cent-Münze, *Nickel* genannt, ist unlogischerweise größer als der Dime. 21,21 Millimeter im Durchmesser, mit glattem Rand, trägt der Nickel das Gesicht von *Thomas Jefferson*, dem dritten Präsidenten der USA und wichtigsten Mitautor der Unabhängigkeitserklärung, selbstverständlich wieder im Profil. Auf der Rückseite Monticello, Jeffersons Präsidentensitz in Virginia, den es sich übrigens lohnt, in natura zu besichtigen. Tipp!

Der *Penny*, Ein-Cent-Münze aus verkupfertem Zink, bildet Abraham Lincoln ab, ebenfalls im Profil, aber diesmal nach rechts blickend, und auf der Rückseite das imposante Lincoln Memorial in Washington D.C. Der Penny hat einen Durchmesser von 19,05 Millimeter. 150 Milliarden Pennies sollen in den USA derzeit in Umlauf sein! Und man hat das Gefühl, dass sie sich in der Geldbörse – die übrigens *wallet* heißt (*purse* ist in den USA die Handtasche!) – immer weiter vermehren.

Quer durch Amerika

Es erscheint logisch, aber dennoch schade, dass die meisten Amerika-Reisenden sich an der Ost- oder Westküste des Landes orientieren; dazwischen liegt ein großer blinder Fleck im allgemeinen Bewusstsein. Magneten für Touristen sind natürlich New York, Washington, die Ostküste hinunter bis Florida, nach Norden eventuell Neu England oder die Niagara-Fälle. Auch die Westküste, der Südwesten locken: Seattle, San Francisco, Los Angeles, die wunderbaren Nationalparks, Las Vegas, der Grand Canyon.

Da die Reisezeit meist knapp bemessen ist, wird die Strecke von Ost nach West mit dem Flugzeug überwunden. Verständlich. Um das Land jedoch wirklich kennenzulernen, ist es angeraten, das Land in seiner ganzen Weite zu erkunden, sich *in the middle of nowhere* zu begeben, dort wo sich Fuchs und Hase gute Nacht sagen. Es gibt in den USA sogar einen Ort in Nevada, der mit der Negativbezeichnung *the armpit of America* wirbt. Achselhöhle des Landes, Arsch der Welt.

Mit dem Auto quer durchs Land, *let's hit the road!* Ein Road movie auf eigene Faust. Endlose Straßen, *Diners*, *Motels*. Pickup-Fahrer in »Schweißleiberln«, mit Tätowierungen. Auto-Aufkleber mit den absurdesten Aufschriften. Winzige Orte, in die sich sonst keine Touristen verirren. Harmlose Volksfeste, urige Amerikaner. Nichts wie Gegend. Dünner Kaffee. Entschleunigung. Entdeckungsreisen ins Alltägliche, wie es mein Kollege Sebastian Hesse in seinem → **Vorwort** nennt. Es muss ja nicht gleich so spektakulär ablaufen wie etwa die Fahrten von Thelma & Louise.

Tipp! Nostalgiker fahren gern die legendäre Route 66 nach, eine der ersten durchgehenden Straßenverbindungen an die Westküste, die 1926 eröffnet wurde und auch *Mother Road* oder *America's Mainstreet* genannt wird. Von Chicago, Illinois über Missouri, Kansas, Oklahoma, Texas, New Mexiko und Arizona bis nach Los Angeles, Kalifornien – knappe 4000 Kilometer.

Erst im Jahre 1937 wurde die Straße durchgehend asphaltiert. Verarmte Farmer und Landarbeiter flohen damals vor den Staubstürmen und der Dürre des Mittleren Westens (*Dust Bowl*) in Richtung Kalifornien. »Go West«, lautete die Devise. 1939 wurde diese Wanderbewegung im Roman »Die Früchte des Zorns« (*The Grapes of Wrath*) von John Steinbeck verewigt. Die darauf basierende Verfilmung von Western-Regisseur John Ford mit Henry Fonda in der Hauptrolle war eines der ersten Road Movies.

Bekannt wurde die Straße auch durch den Song *»Get Your Kicks on Route Sixty Six«* von Bobby Troup, 1946 geschrieben und umgehend mit Nat King Cole veröffentlicht; später wurde er von Chuck Berry, den Rolling Stones und vielen anderen interpretiert.

Bald ging es mit der Route 66 jedoch bergab. Zu der einfachen, teils kurvenreichen Straße gab es bald bessere Alternativen, moderne, mehrspurige Straßen lösten sie ab, bis die Route 66 schließlich im Jahr 1985 von der offiziellen Liste der Highways gestrichen wurde. Heute ist sie streckenweise als *Historic Route 66 (National Scenic Byway)* zu befahren und gilt als Symbol für die »gute alte Zeit«.

Andererseits, was spricht – bei aller Nostalgie – gegen die »gute neue Zeit« und Erkundungstouren auf reichlich besseren Straßen? Mehrspurig durch die Lande gleiten, ohne jeglichen Überholstress, Natur ohne Ende. Durch das landwirtschaftliche Herzland, das die Amerikaner als wesentlichen Bestandteil ihres »nationalen Erbes« betrachten, von Landflucht und Niedergang geplagt. Wiederbelebungsversuche sind im Gange.

Die Kluft zwischen Stadt und Land ist größer geworden. Politisch sind die Staaten im Herzen Amerikas eher rot eingefärbt, also republikanisch, jene an der West- und nördlichen Ostküste sowie rund um die Großen Seen blau (demokratisch). Zwei Welten in einem großen Land.

Der Reisende wird dies wohl nur am Rande bemerken. Er lehnt sich entspannt im Auto zurück und stellt den Tempomaten ein.

»Ihr linker Fuß wird sich freuen, weil er endlich richtig Urlaub machen kann«, heißt es in einem Handbuch für US-Touristen, in Anspielung auf die Automatik in den meisten amerikanischen Autos.

Straßen und Städte sind in den USA immer sehr klar angeschrieben, sodass man sich selten verfährt, wenn man auf die Nummern und die jeweils angeschriebene Himmelsrichtung achtet. Die Interstates sind unseren Autobahnen vergleichbar, werden mit I abgekürzt, weiße Schrift auf rot-blauem Schild. Autobahnähnliche Schnellstraßen sind die Federal Highways, (weißes Schild, schwarzer Rahmen und schwarze Schrift), und dann gibt es noch State oder Provincial Highways. Viele Straßen und

Tipp! Brücken sind gebührenpflichtig – für die *toll stations* sollte man immer Kleingeld parat haben. Beim Tanken muss man den Hebel häufig nach oben kippen. An der roten Ampel darf man üblicherweise rechts abbiegen – *right turn on red* –, vor Hydranten niemals parken.

Dann kann eigentlich nichts mehr schief gehen. *Let's turn the gravel.* Manches bleibt unverständlich, etwa die Anweisung: *do not blow horn, use mirror.* Da interessiert uns schon mehr der *bumper sticker* des Wagens vor uns: *Naked from the waist down.* Wow!

→ Car, → Führerschein

R

Rauchen

Auf eine kurze Formel gebracht: Die USA sind für Nichtraucher ein Paradies, für Raucher ein Alptraum. Nicht nur ist Rauchen nahezu überall verboten – Raucher werden auch geächtet. Selbst bei Parties im Freien wird man wie ein Serienmörder angeschaut, wenn man sich in die Büsche schlägt und dort verschämt eine anzündet. Wer indes Essen aufhäuft, und sei es noch so ungesund, wer vor Körperfülle kaum durch die Tür kommt und das öffentliche Gesundheitsbudget à la longue genauso belasten wird wie ein Raucher, muss sich keineswegs schämen. So ungerecht ist die Welt!

In Lokalen im Freien schießen ebenfalls tötende Blicke vom Nebentisch herüber, wedelnde Handbewegungen vergraulen alsbald den Genuss. Wenn es nicht ohnehin sogar *outdoor* verboten ist, wie etwa in Kalifornien.

Auch anderswo gibt es immer wieder Vorstöße, das Rauchen sogar zu Hause, auf der Straße und in Parks zu verbieten, so etwa vor einiger Zeit in Montgomery County, einem Washingtoner Vorort. Das Gesetz, das auf lokaler Ebene ausgeheckt worden war und ebendort an einem Veto scheiterte, hätte das Rauchen in den eigenen vier Wänden reglementiert und wäre damit eine der strengsten Antiraucher-Maßnahmen im Land gewesen.

Vorgesehen war, dass Raucher mit Strafen bis zu 750 Dollar belegt werden sollten, falls der Rauch zu den Nachbarn hinüberzieht und diese stört.

Auch könnte ein Asthma-Patient, der im Park auf einer Bank sitzt, von einem rauchenden Passanten gesundheitlich geschädigt werden, so die Argumentation. Öffentliche Areale seien für bestimmte Zwecke eingerichtet worden, unterstrich das Bezirksblatt: »Gehen, stehen, sitzen. Aber nicht, damit jeder tun kann, was er will: etwa Alkohol trinken oder nackt in der Sonne baden.« Der Vorstoß, das Rauchen in die Kategorie des nackten Sonnenbadens in der Öffentlichkeit einzuordnen, wurde allerdings vor Gericht abgeschmettert.

»Wir haben uns vor der ganzen Welt lächerlich gemacht.« Für Michael L. Subin, Mitglied des Kreistages von *Montgomery County*, war es eine einzige Blamage. Die Initiative, die Teil eines Pakets zur Verstärkung der Luftqualität in Innenräumen sein sollte, wirbelte auch international viel Staub auf. In den USA rief sie sowohl die Tabakfirmen als auch die *American Civil Liberties Union* auf den Plan, die Hüterin bürgerlicher Freiheiten. Kommentatoren verglichen das Bezirksparlament von Montgomery County gar mit den Taliban in Afghanistan.

Indoor kann man es ohnehin vergessen, außer in der eigenen Wohnung. Aber auch dort ist es üblich, Gäste zu fragen, ob es sie »eh nicht stört«. *Do you mind if I smoke?* Und tatsächlich *minden* sie oft. Die logische Konsequenz wäre wohl, das Laster einfach aufzugeben und die Freiheit vom Nikotin zu genießen, aber halt: Da wird der Zugereiste bockig. Jetzt erst recht!

Allein in den letzten Jahren hat sich die Situation drastisch verschärft. Beharrliche Raucher haben sich angewöhnt, beim Verlassen von Gebäuden automatisch eine Zigarette anzuzünden. Man muss schließlich auf Vorrat rauchen! Während es vor gar nicht langer Zeit in Restaurants meist noch Raucherzonen gab, häufig die Bar, sind diese heute eine Seltenheit. Besonders rigide Regelungen hat New York eingeführt. Da braucht es schon sehr findige Lokalbesitzer, die sich allerlei einfallen lassen, damit die Raucher doch auf ihre Rechnung kommen. Mit Vorhängen abgetrennte Räume etwa, die offiziell nicht mehr zu dem Lokal gehören und in die man sich auf eigene Faust mit seinem Getränk verzieht. Bedient wird dort nicht, denn die Kellner dürfen laut Gesetz keinem Rauch ausgesetzt sein.

Bitte mich nicht falsch zu verstehen: Die Rücksichtnahme auf nichtrauchende Mitbürger ist an sich ja höchst begrüßenswert. Und wenn es gelingt, Jugendliche davon abzuhalten, mit dem Rauchen überhaupt zu beginnen, wäre das natürlich am Allerbesten. Es ist nur einfach die *extreme* Haltung, die dem Fremden sauer aufstößt. Was früher zu viel geraucht wurde – man braucht sich bloß alte amerikanische Filme vor Augen zu führen –, wird heute »abgebüßt« und ins Gegenteil gekehrt. Lieber noch eine Waffe zücken als eine Zigarette.

Aber wahrscheinlich ist es nur eine Frage der Zeit, bis wir auch in Europa so weit sind. Viele Länder haben bereits strengere Regelungen eingeführt, in Spanien gibt es sogar schon Strände, wo Rauchverbot herrscht. Bleibt zu hoffen, dass nicht in gleichem Maß die Fettleibigkeit bei uns Einzug hält. Aber auch dafür gibt es ja schon Anzeichen.

Refill

Am Anfang fühlt man sich in Amerika wie im Schlaraffenland. Es ist, als ob Milch und Honig fließen! Bei den meisten Getränken – mit Ausnahme von alkoholischen – gibt es ein *Gratis-Refill.* Kaum ist der letzte Tropfen Kaffee getrunken – oder sogar schon vorher –, saust bereits die Kellnerin herbei, um nachzuschenken. Auch die Quellen von Cola, Eistee etc. versiegen nie.

Im Prinzip scheint es nur fair, denn ohnehin nehmen einen Großteil des ersten Glases üblicherweise die übermäßig portionierten Eiswürfel ein. Und auch beim Kaffee kommt man angesichts des geringen Koffeingehalts erst nach mehreren Tassen auf seine Rechnung.

In *Fastfood*-Lokalen gibt es eine eigene Theke, wo sich der Kunde Getränke, aber auch Ketchup, Senf etc. beliebig nachnehmen (und manchmal sogar den Burger mit Gemüse, Zwiebel etc. anreichern) kann. Er hat bei der Bestellung am Schalter einen leeren Pappbecher erhalten, den er so oft auffüllen darf, wie er will.

Unverständlich also, warum manche Leute überhaupt ein großes Getränk bezahlen, wo sie doch ohnehin Refills ohne Ende bekommen. Sparefrohs machen es genau umgekehrt: Sie bestellen für die ganze Familie ein einziges Getränk und holen immer wieder nach. Diese Vorgangsweise ist aber völlig unamerikanisch. Und auch der Ausländer gewöhnt sie sich bald wieder ab.

Religion

Die Religion spielt in der amerikanischen Gesellschaft eine große Rolle. Die Gläubigkeit der Amerikaner hat schon viele Besucher überrascht.

In Umfragen geben 41 Prozent der Amerikaner an, regelmäßig in die Kirche zu gehen. Wenn man in Washington die 16. Straße entlang fährt, zieht eine Kirche nach der anderen vorbei: *Grace Lutheran, National Church of the Nazarene, Trinity A.M.E. Zion, All Souls Unitarian* und so fort.

Die Vielfalt ist enorm und schwer zu durchblicken. Knapp 80 Prozent sind Christen, davon 52 Prozent Protestanten, 24 Prozent Katholiken, der Rest diverse. Es gibt unüberschaubar viele Untergruppen wie Baptisten, Methodisten, Presbyterianer, Episcopalians, Lutheraner, Evangelikale, Church of God, Mormonen, Heilungs- und Pfingstkirchen, Nazarener etc. Wenn man eine Genealogie aller größeren christlichen Kirchen der USA aufzeichnet, so sieht diese ungefähr aus wie das Londoner U-Bahn-Netz.

Außerdem natürlich indianische Religionen, Juden, Moslems, Hindus, Buddhisten etc. Die Religionsvielfalt und die Religionsgeographie spiegelt auch die Einwanderung in die USA wider und befindet sich in ständiger dynamischer Entwicklung.

Eine der Hauptfunktionen religiöser Gemeinschaften in den USA ist die der lokalen Kulturvereine. Wegen des grobmaschigen staatlichen Sozial-Netzes spielen die Pfarren eine wichtige Rolle bei Fürsorge und Freiwilligenarbeit. Nicht zuletzt sind die religiösen Gemeinschaften Orte, wo Seilschaften gebildet werden, und können als berufliche Sprungbretter fungieren.

Eine heikle Frage ist die Verflechtung von Religion und Politik in den USA. Die Regierung von George Bush junior gilt als überaus religionsfreundlich: Der Präsident, der als seinen liebsten politischen Philosophen einmal Jesus Christus nannte, versuchte im Rahmen seiner *faith-based initiative*, soziale Dienste – etwa für Obdach- oder Arbeitslose – verstärkt vom öffentlichen in den religiösen Sektor zu verlagern.

Organisationen für die Trennung von Kirche und Staat sowie gemäßigte religiöse Vertreter machten sich in den vergangenen Jahren große Sorgen, dass die klare Grenze zwischen Kirche und Staat immer mehr verwischt werden könnte. In einer beträchtlichen Anzahl von Kongress- und Gouverneursrennen gewannen Kandidaten, die von der Religiösen Rechten unterstützt wurden. Mit diesen »Verbündeten« trachteten die christlichen Fundamentalisten ihre Anliegen, von der Förderung der *faith-based initiatives* über den Kampf gegen die Abtreibung, Erziehungsfragen (Stichwort: Kreationismus statt Evolution, Gebete in der Schule) und Umwelt bis zur Ernennung von konservativen Richtern zu forcieren.

Die *Religious Right* in den USA lässt sich durch drei Dinge charakterisieren: wörtliche Auslegung der Bibel, Ultrakonservativismus, Widerstand gegen die Trennung von Kirche und Staat. »Die *Religious Right* ist nahezu in die republikanische Partei integriert«, erklärt Elliot Mincberg von der Organisation *People for the American Way*, auf lokaler Ebene wird die Partei häufig von ihr dominiert.

Manche bezeichnen Bush gar als den De-facto-Anführer der Religiösen Rechten. Zu der Bewegung gehören etwa die Christian Coalition, das Family Research Council oder Schlüsselfiguren wie James Dobson, Jerry Falwell, Billy Graham. Die Amerikaner sind zwar gewohnt, dass Präsidenten von ihrem Glauben sprechen – das haben etwa auch Carter oder Clinton getan –, aber Bush beherrscht die Sprache der Religion wie kaum ein anderer und spricht mit seinen religionsdurchwobenen Reden die Religiös-Konservativen gekonnt an.

S

Schlangestehen

Die Lieblingsbeschäftigung der Amerikaner ist Warten. Diese Ansicht vertritt jedenfalls Freund J., der das Land so gut kennt, dass man meinen möchte, er habe es »erfunden«. Tatsächlich: Wo immer es notwendig ist *to stand in line,* kann man in den USA die Leute beobachten, wie sie sich mit einer Engelsgeduld anstellen und warten, bis sie an der Reihe sind. Schicksalsergeben wie Vieh, das zur Schlachtung geführt wird.

Aber halt! Es wäre völlig fehl am Platz, sich lustig zu machen, denn das disziplinierte Anstellen erleichtert das Leben deutlich. Ob auf der Bank, einem Amt, auf dem Flughafen oder am Schilift – es gibt praktisch keine Vordränger, die Eile vorschützen oder gleich ihre Ellbogen einsetzen. Im Gegenteil: Manchmal wird man sogar von anderen Wartenden darauf aufmerksam gemacht, dass man eigentlich früher da war als sie und sich doch bitte vor ihnen einreihen möge. Das ist wahre Lebensqualität!

Dahinter dürfte eine angelsächsische Haltung stecken, wie sie auch aus Großbritannien bekannt ist. Sich vorzudrängen wäre einfach nicht *gentle(wo)man-like*. Mit welchem Recht sollte man kürzer warten als die anderen? Natürlich gehört auch die richtige Planung dazu – wer nicht genug Zeit einkalkuliert, wird in der Warteschlange logischerweise nervös werden.

Außerdem verstehen es die Amerikaner besser zu organisieren: Üblicherweise gibt es nur eine Schlange, die sich serpentinenförmig durch den Warteraum windet und knapp vor den Schaltern aufteilt, ein mehrköpfiges Tier quasi. Das ist die fairste Methode, bei der endlos dauernde Problemfälle nicht nur die jeweiligen Hintermänner und -frauen aufhalten. So logisch es erscheint, so langsam setzt sich dennoch diese Form des Anstellens in Europa durch. Hier wird lieber an den Einzelschlangen festgehalten, damit man neidvoll auf die anderen schielen und sich nachher beklagen kann, dass man »natürlich wieder in der langsamsten gestanden« ist.

Shopping

Ohne Zweifel sind die USA ein Einkaufsparadies. Die Auswahl ist enorm, was auch immer man sucht. Schon der Supermarkt versetzt den Neuankömmling in ehrfürchtiges Staunen. Um ein Vielfaches größer als bei uns, mit Gängen, in denen man Auto fahren könnte, und einer breiten Produktpalette, die keine Wünsche offen lässt.

Anfangs mag man angesichts der Reizüberflutung überfordert sein. Was tun, wenn geschätzte 74 Käsesorten die Entscheidung erschweren? Zig verschiedene Joghurts, Chips in allen Variationen, Backmixturen und und und. Da kann den Einkäufer eine gewisse Orientierungslosigkeit übermannen, obwohl die Produkte insgesamt in den einzelnen *aisles* sehr übersichtlich angeschrieben sind. Außerdem ist man inzwischen halb erfroren, weil in den amerikanischen Supermärkten arktische Temperaturen herrschen …

Singles haben es besonders schwer, denn es gibt praktisch keine kleinen Packungen. Wie gesagt, in den USA herrscht ein gewisser »Größenwahn«. Von der Schachtel Q-Tips, Wattestäbchen, die wir im Herbst 1999 kauften, zehren wir noch heute, der Riesensack Reis reichte für drei Jahre. Wozu auch kleinere Portionen? Jedes amerikanische Heim verfügt über (scheinbar) unendlichen Stauraum und mindestens einen riesigen Kühlschrank plus Tiefkühltruhe.

Da wird gern auf Vorrat gekauft und gehamstert, wenn sich gerade wieder eine potenzielle (Natur-)Katastrophe – oder auch bloß Besuch ankündigt. Wahrscheinlich könnte der amerikanische Durchschnittshaushalt wochenlang von seinen Reserven leben. Nur im Überfluss sind die Amerikaner glücklich.

Was sich natürlich nicht aufs Essen beschränkt. Es ist das Land der unbegrenzten Konsummöglichkeiten, unter anderem auch wegen der grandiosen Öffnungszeiten. Eine Shoppingmall reiht sich an die nächste. Klimatisiert, wettergeschützt, alles auf einem Fleck. *One-stop-shopping*. Parkplatzprobleme ein Fremdwort.

Da kommt keiner auf die Idee, zu Fuß mit einem Einkaufskorb loszuziehen. Ich war wohl am Anfang, noch ohne Auto und mit Wiener städtischen Einkaufsmanieren, ein sonderbarer Anblick für Amerikaner. Der Korb wanderte schnell in den Abstellraum – ohnehin bekommt man im Supermarkt tonnenweise Einkaufssackerln gratis, die man überdies nicht eigenhändig einräumen muss. Das besorgen eigens dafür abgestellte »Heinzelmännchen«. Zurück in Europa, wartet man dann vergebens auf solche Dienste, während sich die Waren auf dem Fließband türmen.

Irgendwann hat man in seinem amerikanischen Haushalt so viele Sackerln, dass man nicht mehr weiß wohin damit. Kein Problem! Einfach wegwerfen. Die Amerikaner machen sich über Müll längst nicht solche Sorgen wie wir. Und es ist höchst unüblich, mit gebrauchten Säcken wieder im Supermarkt zu erscheinen und diese zu recyclen. Erst langsam beginnen Biosupermarktketten diese Methode anzuerkennen und eventuell sogar mit dem Abzug von 10 Cent von der Rechnung zu »belohnen«.

Ein Einkaufsparadies, wie gesagt. Nie muss man sich drängen und zwängen, Auswahl in Hülle und Fülle, ein *Sale* jagt den anderen. Für den Ausverkauf scheint es immer irgendeine Begründung zu geben: ob Ferienbeginn oder *Back-to-school*, bestimmte Feiertage etc. Oft braucht es überhaupt keinen Anlass. In Amerika ist immer *Sale*.

Als Enttäuschung erleben es shoppende Touristen aber oft, dass die Dinge lang nicht so billig sind, wie sie es erhofft haben. Diese Erwartungshaltung dürfte ein Relikt aus früheren Zeiten sein, als es viele Waren bei uns noch gar nicht und in den USA vergleichsweise günstig gab. Heute trifft nur noch auf ausgewählte Dinge zu, dass diese wirklich billiger sind, Jeans etwa, Schuhe und manche elektronische Geräte.

Vor allem hängt es natürlich auch vom Dollar-Kurs ab. Am Beginn unseres Aufenthalts stand der Dollar so hoch, dass unsere Gäste aus Europa reihenweise fast in Ohnmacht fielen, wenn sie für ihr erstes Sandwich 6 Dollar berappen mussten. Die leeren Taschen, die sie für ihre Einkäufe mitgebracht hatten, nahmen sie meist wieder halbleer zurück. Es war ein Gejammere, als ob wir als Gastgeber persönlich am Preisniveau Schuld hätten.

Will man wirklich billig shoppen, muss man in ein *Outlet*, am besten nach Delaware, wo keine *sales-tax* aufgeschlagen wird, wie es sonst überall der Fall ist. Auch das ist ja bei der Begutachtung von Preisschildern oder etwa Speisekarten immer zu berücksichtigen: Es kommen noch ein Paar Prozent dazu, vom jeweiligen Bundesstaat abhängig.

Auf ihre Kosten kommen beim Shoppen in den USA auch große, breite Menschen. Solche gibt es nun einmal in Massen, sodass auch das Sortiment auf sie abgestimmt ist. Da muss man nicht verschämt in ein Geschäft pilgern, das Übergrößen von 46 aufwärts anbietet, sondern wird in den ganz normalen Läden und Kaufhäusern fündig.

Auch bei Schuhen. An sich ist es ein Traum für Großfüßige. Selbst bei Damen geht es von Schuhgröße 42 noch munter aufwärts. Aber die Umrechnung! 42 entspricht in etwa 10 oder 11 – nicht wie bei uns 8. Das muss man erst einmal wissen! Am besten, Sie weisen beim Schuhkauf gleich auf Ihre europäische Herkunft hin. Tipp!

Mit den Maßen hat man eben manchmal Probleme. So zog ich einmal zufrieden mit einem Twinset in Large ab und stellte erst später fest, dass ich in der Übergrößen-Ecke eingekauft hatte und dort – alles ist relativ – Large noch einmal in Small, Medium und X-Large eingeteilt wird. Es gibt also Large/Small, so absurd es klingt. Und Large/Large ist seeeehr groß, das können Sie mir glauben. Zum Glück kann man in Amerika alles problemlos umtauschen. Aber das ist eine andere Geschichte.

→ **Öffnungszeiten**, → **Yardsale**

Snowstorm

So wie wir aus der englischen Ice-cream auf Deutsch einfach Eis machen – ohne Creme –, können Sie auch beim *snowstorm* den Sturm gleich einmal streichen. Denn oft ist es halb so wild. Wenn etwa in Washington vor einem snowstorm gewarnt wird, dann schneit es einfach. Möglicherweise sehr viel und dicht, aber nicht stürmisch. Was natürlich nicht heißt, dass es nicht in anderen, nördlichen Landesteilen der USA sehr wohl Schneestürme gibt.

Aber zurück in die Hauptstadt. Bei Schnee bricht sofort alles zusammen. Die Regierung packt ein, der Kongress pausiert, Ämter und Schulen schließen. Der Verkehr – öffentlich wie privat – ist im Nu auf ein Minimum reduziert, in der Stadt herrscht gedämpfte Ruhe. Auf die Mall, den breiten Grünstreifen (jetzt Weißraum) vom Kapitol bis zum Lincoln Memorial, verirren sich sogar Langläufer. Logisch, wenn man schon nicht joggen kann!

Kinder und Jugendliche lieben den Schnee natürlich. *First thing in the morning* wird bei der eigens eingerichteten Schul-Schnee-Hotline angerufen. Dort läuft ein Tonband, das mitteilt, ob der Unterricht – dem snowstorm zum Trotz – stattfindet. Üblicherweise ist dies nicht der Fall. Juhu, jubeln die lieben Kleinen und kriechen zurück ins Bett. Klar, der Schulbus könnte auf den glatten Straßen womöglich schlittern. Eltern würden Klagen einbringen. Katastrophe!

Einen Gast aus Österreich mutet es höchst sonderbar an. Die amerikanische Hauptstadt ist schließlich nicht gerade gebirgig, das Risiko erscheint relativ gering. Und man stelle sich einmal vor, an wie vielen Tagen in einem schneereichen Winter – und die gibt es sehr wohl – das Zentrum der globalen Macht gelähmt ist! US-Präsident, Regierung, Abgeordnete, Senatoren, Höchstrichter im Winterschlaf. Ist das nicht beunruhigend? Es sei denn, man goutiert ohnehin nicht, was sie tun …

Soda

Vorsicht: Soda ist in den USA nicht das, was wir darunter verstehen. Also nicht Soda- oder Mineralwasser, sondern ein zuckerhältiges Getränk à la Cola, Fanta, Sprite, wie es die Amerikaner ständig schlürfen. Wenn Sie ersteres trinken wollen, müssen Sie *mineral-* oder *sparkling water* bestellen. Oder Sie halten sich einfach an das Leitungswasser (gefiltert und mit viiiiiiel Eis), das Sie in jedem Lokal automatisch serviert bekommen.

Spelling Bee

Eigentlich ist es ein recht altmodisches Vergnügen: Regelmäßig werden in den USA Wettbewerbe im Buchstabieren abgehalten. Beginnend auf lokaler Ebene, können sich die jugendlichen Buchstabier-Asse unter 16 bis zu einem nationalen Contest hinaufarbeiten, der sogar im Fernsehen übertragen wird. Die

Tradition reicht bis zum Jahr 1825 zurück, als der Ausdruck *spelling bee* erstmals auftauchte.

Was früher einmal als amerikanische Subkultur für Streber betrachtet wurde, gilt heute zunehmend als *cool*. In Büchern, Musicals und Werbungen wird der Denksport aufgegriffen, im Jahr 2005 erschien der Film *Bee Season* mit Richard Gere und Juliette Binoche.

Was die Stuckerei den jungen Menschen – außer Gehirntraining – im praktischen Alltag bringen kann, sei dahingestellt. Die ausgefallensten Wörter müssen da buchstabiert werden: *alopecoid, sumpsimus, serpiginous, totipotency* etc. Und einer scheiterte glatt bei »schwarmerei«, einem »German term that means adulation«. Ha, für unsereins wäre die Schwärmerei natürlich einfach gewesen! Aber man unterschätze nicht die Schwierigkeiten, die der Ausländer beim Buchstabieren in englischer Sprache hat. *A as in apple* – und wie weiter?

Bei einem unserer ersten Aufenthalte in New York wollten wir österreichische Freunde mit dem schwierigen Namen *Sczepan* treffen, die sich ebenfalls gerade im Big Apple aufhielten. Da wir ihre Zimmernummer im Hotel nicht wussten, versuchten wir, der Vermittlung den Namen zu buchstabieren: S, C, Z... Ein Ding der Unmöglichkeit. Vor allem wenn man Z zed ausspricht, wie im britischen Englischunterricht gelernt. In Amerika klingt es aber genauso wie C, was die Sache allerdings auch nicht einfacher macht. Alle Mühen umsonst, wir geben es auf. Und treffen die Freunde am nächsten Tag *zufällig* im Metropolitan Museum ...

Suburbia & die gute alte Neighborhood

Im Jahr 1970 lebten in den USA erstmals mehr Menschen in Vororten als sonstwo. *Suburbs* als posturbane Gebiete, die als Folge der besseren Anbindung an die Städte und der Verschlechterung der Lebensbedingungen in den Zentren aus dem Boden schossen. Ein Trend, der längst auch schon in europäischen Städten zu spüren ist.

In Suburbia, *in the burbs*, »lebt« man quasi im Auto, fährt in die Shopping Mall, ins Kino- oder Fitnesscenter, schupft seine Kinder von A nach B. Zugleich soll weiter draußen ja angeblich die Luft besser sein. Immer mehr neue, »künstliche« Städte sind auf dem Reißbrett entstanden. Homogene Wohngebiete mit akkurat gemähtem Rasen, oft nur von Weißen bewohnt.

In den USA gibt es aber auch schon wieder die Gegenbewegung. *America's cities are back*, vermelden die Zeitungen und sprechen von einer *urban renaissance*. *Inner cities* kommen wieder in Mode. New York sowieso, aber auch Städte wie Washington, Detroit, Pittsburgh, Cleveland und Philadelphia, wo etwa neue Sportstadien oder Kongresszentren gebaut werden. Die Menschen sollen wieder in die Stadt gelockt werden. Vorläufig ist da aber noch viel Wunschdenken im Spiel.

Der guten alten *neighborhood* wird gern nachgetrauert. Die Nostalgie rund um das Dahinscheiden des gewachsenen »Grätzls« mit individuellen Geschäften und Cafés ist in etwa unserem Jammern über das Greißlersterben zu vergleichen. Es ist die Sehnsucht nach Geborgenheit in einer kleineren Einheit, inmitten des amerikanischen Einheitsbreis, wo alles gleich ausschaut.

Aber man darf es nicht allzu negativ sehen: Es gibt sie noch, die *neighborhoods*, mit ihren *block parties*, Pfarrveranstaltungen, *neighborhood watches* (also gegenseitiger Beobachtung der Häuser zum Schutz vor Einbrechern), Paraden, *community centers* etc. Und auch beim lokalen *Starbucks* kann man Kontakte pflegen, obwohl er genauso aussieht wie Tausende andere Cafés derselben Kette…

T

Taxi

The american Mom is a taxi – so lautet ein viel zitierter Spruch zum Alltag amerikanischer Mütter. Ein *play date* hier, ein *sleepover* da – Spielen *mit*, Übernachten *bei* Freunden. Sporttraining, Ballett, Klavierstunde, Science-Workshop oder Pfadfinder: Amerikanische Kinder müssen tagein, tagaus durch die Gegend kutschiert werden. Von einem Termin zum nächsten.

Nicht, dass es das hier nicht gäbe. In ländlichen Gebieten ereilt viele europäische Mütter dasselbe Schicksal. Aber im Großen und Ganzen kann man sich doch in unseren Breitengraden, vor allem in den Städten, einigermaßen auf die öffentlichen Verkehrsmittel verlassen.

Vielleicht sind die Kinder bei uns auch noch eine Spur weniger verplant, und man lässt ihnen ein bisschen Zeit zur freien Verfügung, in der sie nicht kompetitiv & kreativ sein müssen. Wie erfrischend erschien es in diesem Zusammenhang, als eine österreichische Kinderbetreuungseinrichtung in einem Inserat allerlei »Aktivitäten und *Passivitäten*« für die Kleinen anbot. Für letztere hat man in den USA nicht viel übrig!

Wir wollen außerdem nicht sexistisch sein. Manchmal übernehmen ja auch die Väter die Fuhren bzw. – noch häufiger – die Nannys. Oder man wechselt sich mit anderen Eltern ab. Meist jedoch sind es die Mütter, die – falls mehrere Kinder vorhanden sind – einen ausgeklügelten Fahrplan zusammenstellen müssen: wer, wann, wohin. Mit welcher Ausrüstung. Ganz zu schweigen von den zahllosen Aufführungen und *graduations*, die dann zu besuchen sind. Immer mehr Familien stellen heute sogar Haushaltsmanager an. Weibliche wohl.

Fürchterlich anstrengend, das alles, klagte mir einmal eine amerikanische Mutter ihr Leid. Da bleibe ihr kaum Zeit, ihr Portfolio zu verwalten …

Telefon

Let's play it by ear, sagt meine amerikanische Freundin immer. Auf gut Wienerisch würde man es so ausdrücken: Ruf ma uns zsamm. In den USA läuft es genauso wie hier: Statt Dinge fix zu vereinbaren, wird lieber noch x-mal hin und her telefoniert. Logisch, in Zeiten des Handy, das auf Englisch *cell-* bzw. *mobile phone* heißt.

Was waren das noch für Zeiten, als sich bis zu zehn Personen eine Telefonleitung teilen mussten. Die mit ihrem Mann in die USA emigrierte Alice Herdan-Zuckmayer beschreibt dies äußerst charmant in ihrem Mitte der 50er Jahre erschienenen Buch »Die Farm in den grünen Bergen« (Fischer Taschenbuch): »Man hebt den Hörer ab, und hört man dieselben Personen noch nach einer halben Stunde sprechen, und man hat das Gefühl, das Wesentliche sei besprochen, dann dreht man die Kurbel. .. Sie macht ein schnarrendes, knirschendes Geräusch, und dann folgen die üblichen Sätze der Sprechenden: Ich glaube, jemand braucht unsere Linie. Auf Wiedersehen und auf später …«

Da konnte man natürlich nicht drauf los telefonieren wie heute: »Man musste eine gewisse Einteilung treffen; so versuchte ich zum Beispiel niemals sonntags nach der Kirche anzurufen.

Vielmehr schaltete ich mich in die Linie ein und lauschte all den köstlichen Rezepten über *pies*, jene Kuchen, deren Kruste knusprig und schmelzend zu machen eine Kunst ist ...« Umgekehrt verhielt sich Herdan-Zuckmayr auch den anderen neugierigen Zuhörern gegenüber rücksichtsvoll: »Wenn ich hier und da einmal mit deutschen Freunden telefonierte, sagte ich alles Unwesentliche auf deutsch, während ich alles Wesentliche über die Farm, über unser Leben, übers Wetter ins Englische übersetzte.«

All das ist natürlich Vergangenheit. Aber sosehr das Telefonieren seit Jahrzehnten zum Alltag gehört, gestaltet es sich dennoch nicht immer ganz so einfach, wie man annehmen möchte. Zum Beispiel führt ein *long distance call* nicht etwa nach Europa, sondern er überwindet bloß große Distanzen innerhalb der USA. Um über den Atlantik zu gelangen, braucht es einen *international call* (Vorwahl 011, dann die Landesvorwahl), in der näheren Umgebung führt man – logischerweise – *local calls*. Dieses Grundwissen ist wichtig, wenn man ein Telefon anmelden und später die Rechnung verstehen will.

Telefonnummern beginnen in den USA mit einem dreistelligen area-code, etwa für Washington 202. Kaum ist das angepeilte Ziel eine Spur (!) weiter entfernt, muss man 1 vorwählen. Es gibt sehr viele *toll-free numbers*, also Gratis-Nummern (1-800-xxxx, 1-888-xxxx) von Ämtern, Unternehmen, Hotels etc. Oft sind die Nummern zwecks Vereinfachung und leichterer Einprägbarkeit auch mit Buchstaben angegeben. **Tipp!**

Aber von wegen *let's play it by ear*: Auf der anderen Seite der Leitung lauscht nur in den seltensten Fällen ein leibhaftiges Ohr. So gut wie immer landet man auf einem Tonband, wo eine Roboterstimme weitere Optionen anbietet. *If you want..., press one.* Etc. Der Amerikaanfänger ist oft heillos überfordert, weil er das geknödelte Genuschle nicht versteht, aber nicht nachfragen kann. Er verbringt geraume Zeit in der Warteschleife und wird dann erst recht wieder auf Platz Null zurückgeworfen. Für Ewiggestrige, die noch ein *rotary phone* besitzen, also eines mit

Wählscheibe, gelten andere Regeln. Vielleicht hätten wir uns zur Erleichterung ein solches anschaffen sollen?

Manchmal tritt das Tonband sogar in Interaktion mit dem Anrufer und stellt Fragen, die im besten Fall nur mit *yes* oder *no* zu beantworten sind. Manchmal wird's aber komplizierter, und die unerbittliche Automatenstimme will etwa wissen, woher das Flugzeug kommt, dessen Ankunftszeit man herausfinden will. Da kann es dann wieder passieren, dass die Gegenseite den ausländischen Akzent nicht versteht. »*You said X*«, wiederholt sie. »*No, I said Y*«, schreie ich verzweifelt und knalle den Hörer hin. Stundenlang hängt man oft am Telefon – ohne Resultat. Erst mit ein bisschen Übung wird es besser.

Tipp! Für Amerikareisende empfiehlt sich übrigens unbedingt der Erwerb einer *calling card*, wie man sie an Tankstellen, in drug stores etc. bekommt. Man muss dann zwar ziemlich viele Ziffern vorwählen, aber das (internationale) Telefonieren ist spottbillig (anders als mit Kreditkarte oder vom Hotel aus).

Thanksgiving

Es ist das wichtigste Fest im Jahr, das mit viel Familie und noch mehr Essen begangen wird: das Erntedankfest am letzten Donnerstag im November. Da herrscht ein Trubel auf den Flughäfen und den Autobahnen – alle Amerikaner zieht es für das verlängerte Wochenende nach Hause. *Home sweet home.*

Ein jährlicher Fixpunkt ist auch die feierliche Begnadigung eines ausgewählten Truthahns durch den US-Präsidenten. Der stolziert dann erhobenen Hauptes durch den Garten des Weißen Hauses, während es seinen Artgenossen ans Gefieder geht.

Der Truthahn, turkey, steht im Mittelpunkt des Gelages, das bereits am Nachmittag beginnt. Ohne tausenderlei Beilagen, etwa die köstlichen *sweet potatoes*, und raffiniertes *stuffing* geht da gar nichts. Die Fülle wird jedoch häufig separat serviert, damit allfällige Fleischreste problemlos für Sandwiches eingefroren werden können.

Tagelang wird vorbereitet. Am Festtag selbst verbringt das gute Tier mehrere Stunden im Ofen, köstlicher Bratenduft zieht durchs Haus. Zu Thanksgiving gehört eben auch dieser eindringliche Geruch, die Geborgenheit im Kreis von Familie und Freunden. Dieses Sich-Fallen-Lassen, nach vorherigem Essen-bis-zum-Umfallen.

Wobei der »Jubilar«, der *turkey*, unter uns gesagt meist am wenigsten überzeugt: Das Truthahnfleisch schmeckt üblicherweise recht fade, wird nur durch Saucen und Beilagen aufgewertet. Am allertrockensten, ätzt meine indische Akupunkteuse und Wunderheilerin, sei biologischer, also *organic* turkey. Auch ausgefallene Kombinationen wie *turducken*, eine Fleisch-Fülle-Mischung aus *tur*key, *duck* und chick*en*, können einen wahrlich nicht vom Hocker hauen.

Aber pst, das darf man vor Amerikanern natürlich nicht sagen, ist doch der Monster-Gummiadler ihr ganzer Stolz. Durchschnittsgewicht: sechs bis acht Kilo. Auch das Können der Hausfrau wird an der Ausrichtung des Thanksgiving-Mahls gemessen. Verständlich, dass die Schwägerin unseres amerikanischen Freundes John ihre mangelnden Kochkünste lieber vertuschte und sich Truthahn und Co. vom Catering-Service fix und fertig durch die Hintertür bringen ließ. Klammheimlich natürlich. Der Schwiegervater war begeistert!

Als Zugereister hat man zum Glück Narrenfreiheit. Niemand erwartet, dass man die Künste des Thanksgiving beherrscht. Man lässt sich einladen oder zu Hause von Freunden bekochen; genießt im Restaurant ein Thanksgiving-Menü oder feiert gar im Kreis von Vegetariern. Hauptsache, es wird ordentlich auf die Pauke gehaut!

Am nächsten Tag ist man *auf turkey*. Truthahn- bzw. Katzenjammer stellt sich ob der verdrückten Unmengen ein. Aber im

Fitnesscenter wird prompt Abhilfe geschafft: Heute steht *Turkey-Patrol* auf dem Programm, ein besonders hartes Training. Kein Wunder, dass ich ein gestörtes Verhältnis zum Truthahn habe, zumal mich dessen Gerippe noch Tage nach Thanksgiving aus dem Kühlschrank anstarrt.

Thank-you-note

Für den geselligen Umgang gibt es in den USA – wie in den meisten anderen Bereichen auch – viele Regeln. So wird etwa erwartet, dass man sich nach einer Einladung für den reizenden Abend bedankt. Etwas, was es bei uns früher ja auch einmal gab, was aber völlig aus der Mode gekommen ist. Obwohl man sich als Gastgeber ja durchaus über den einen oder anderen freundlichen Anruf freuen würde.

Anruf genügt – in den USA aber nicht. Es muss schon eine schriftliche *thank-you-note* sein, ein Brieferl oder eine Karte. Damit es dann aber doch nicht zu mühsam wird, gibt es letztere bereits vorgedruckt zu kaufen, mit allerlei freundlichen Floskeln. Ohnehin lässt es sich in amerikanischer *Stationery* – Papierwaren, Bürobedarf und Co. – nur so schwelgen. Kein Anlass, für den man nicht die passende Karte fände!

Nach Einladungen überbieten einander die Gäste oft mit ihren jeweiligen Dankesschreiben. Besonders raffiniert ist freilich, was wir uns im Lauf der Jahre angewöhnt haben: Wir schrieben die *thank-you-note* bereits *vor* der Einladung – schließlich war ohnehin klar, dass es ein netter Abend werden würde bzw. man im umgekehrten Fall nicht ehrlich sein könnte.

Gleich nach Verlassen der Party warfen wir die Karte in den hauseigenen Postkasten. So ist man auf jeden Fall Sieger im Bedankungs-Rennen und erspart sich nebenbei noch das Porto. Amerikaner, wir haben euch ausgetrickst!

Transatlantisches Verhältnis

Es ist eine wechselseitige Hassliebe mit Aufs und Abs. Die USA übten auf Europa von Anfang an eine starke Faszination aus. Amerika stand – und steht mit Einschränkungen auch heute – für Fortschritt und Freiheit. Zugleich gibt es starke Ressentiments gegen die Amerikaner, die immer wieder aufkochen.

In Bausch und Bogen werden die Amerikaner als ungebildet und kulturlos eingestuft. Den Europäern erscheinen sie naiv, patriotisch im negativen Sinn, ja sogar kriegstreiberisch. Ihre Höflichkeit wird mit Oberflächlichkeit gleichgesetzt. Die USA werden auf der Basis von Hollywood-Filmen, Popkultur, Gewalt, Waffen und Coca-Cola beurteilt.

»Seit der Kolonialzeit haben die Europäer Amerika sowohl als Paradies wie auch als barbarischen Vorposten betrachtet«, erklärt der österreichische Historiker Günter Bischof, Direktor des »Center Austria« an der Universität von New Orleans. »Die Amerikaner wiederum sahen Europa als politisch korrupt und kulturell arrogant an.« Diese Bilder hätten von Anfang an die Interaktionen bestimmt. In Zeiten der Krise könne die »schlafende Hexe«, das Gemisch von Vorurteilen und Stereotypen, nur allzu einfach aufgeweckt und politisch instrumentalisiert werden.

Antiamerikanismus ist nichts Neues: Ressentiments begannen bereits in der Romantik, wie die deutsche Wochenzeitschrift »Die Zeit« auf dem Höhepunkt der Irakkrise ausführte: »Deutschlands fatalen Abschied aus der neuen demokratischen Weltgeschichte, die in Amerika begonnen hatte, versüßten sich die Dichter und Denker mit zynischem Hochmut. Selbst Heinrich Heine vermutete in den Vereinigten Staaten ein ›Freiheitsgefängnis, wo der widerwärtigste der Tyrannen, der Pöbel, seine rohe Herrschaft ausübt‹. Die Arroganz des Vorurteils reichte weit ins 20. Jahrhundert. Für C.G. Jung gab der Amerikaner ›einen Europäer mit Negermanieren‹, und Sigmund Freud fasste zusammen: ›Amerika ist ein Fehler.‹« (Ausgabe 07/2003, Michael Naumann).

T

Zweifellos gibt es viel, was Amerikaner und Europäer trennt: unüberwindlich entgegengesetzte Haltungen zur Todesstrafe, grundlegende Unterschiede im Sozialsystem, völlig verschiedene Sichtweisen, welche Rolle dem Staat und der Gesellschaft zukommen.

Stark und maskulin – so sieht sich Amerika. Weich, nachgiebig, weiblich: Das ist für die USA die »alte Welt«. Eine treffliche Gelegenheit für zahlreiche Missverständnisse.

»Die Amerikaner sind vom Mars, die Europäer von der Venus«, schreibt US-Kommentator Robert Kagan in seinem Buch *Of Paradise and Power*.

Er greift damit den Titel des berühmten Bestsellers von John Gray auf: »Männer sind vom Mars, Frauen von der Venus.« Wenn man erkennt, dass die Geschlechter von verschiedenen Planeten kommen und eine andere Sprache sprechen, lässt es sich leichter miteinander leben, so die Theorie. Nicht von ungefähr lautete der Untertitel des Gray-Buches: »Ein praktischer Ratgeber. Wie man die Kommunikation verbessern und in einer Beziehung das bekommen kann, was man will.« Ist dies auch auf das transatlantische Verhältnis anwendbar?

Sexuelle Metaphorik sieht Timothy Garton Ash, Direktor für »Europäische Studien« in Oxford. Unter dem Titel »Antieuropäismus in Amerika« fasste er die Stereotypen zusammen, mit denen jenseits des Atlantik operiert wird: der Amerikaner als starker, heterosexueller Mann; die Europäer indes entweder weiblich, oder impotent oder kastriert.

EU-nuchen sozusagen. *Euroweenies*, Würstchen. Schwache, bockige, gespaltene, anti-amerikanische *Appeaser*, deren Werte und Rückgrat sich zu einem lauwarmen, multilateralen, säkularen und postmodernen Mischmasch verdünnt hätten. Während man in Europa Geld für Wein, Urlaub und einen aufgeblasenen Wohlfahrtsstaat statt für Verteidigung ausgebe, überlasse man den prinzipientreuen und freiheitsliebenden Amerikanern die militärische »Dreckarbeit«.

Die Europäer als »Weicheier«, als »Warmduscher«? Traditionellerweise machten die Amerikaner den »Europazifismus« lächerlich und straften europäische Kritiker amerikanischen Militarismus und hegemonischer Neigungen mit Verachtung, Auch auf dem Höhepunkt des Vietnam-Krieges in den späten Sechziger Jahren und während der Stationierung von nuklearen US-Mittelstreckenraketen in den Achtzigern habe es starke transatlantische Spannungen und europäischen Antiamerikanismus gegeben. Die Europäer waren wie beim Irak-Krieg auch damals der Ansicht, dass Washington nach militärischen Lösungen strebe, obwohl eher Diplomatie angebracht wäre.

»Man braucht zwei Hände, um eine Naht aufzutrennen«, erklärte ein amerikanischer Politiker bei einem Auftritt in Europa. Beide Seiten hätten sich zu Beginn dieses Jahrtausends beim Trennen als sehr fingerfertig erwiesen. Die USA, indem sie überheblich die Zustimmung ihrer Partner zu geplanten Kriegshandlungen als selbstverständlich voraussetzten, die Europäer, indem sie die Bedrohung durch den Terrorismus und Diktatoren unterschätzten.

Derzeit sind beide Seiten bemüht, die Harmonie in der transatlantischen Familie wiederherzustellen. Bis es zum nächsten *Clash* kommt.

→ Epilog, → Eurotrash

Trinkgeld

Richtig zu *tippen* will gelernt sein. Dabei ist es gar nicht so schwierig, sondern einfach nur gewöhnungsbedürftig. Seit ich aus Amerika zurück bin, gebe ich generell viel zu viel Trinkgeld und versetze europäische Kellner regelmäßig in ungläubiges Staunen. Zwischen *15 und 20 Prozent*, das ist in den USA Sitte und wird allgemein befolgt.

Tip(p)!

Üblicherweise zahlt man mit Kreditkarte und schlägt das Trinkgeld gleich dazu. Auf dem Abrechnungszettel sind zwei Zeilen frei: *Tip* und *Total*. Wobei man keine mathematischen Meisterleistungen vollführen muss: Es genügt, einfach die Gesamtsumme einzusetzen, ohne das Trinkgeld centgenau aufzuführen. Einfach das lästige Kleingeld, das in der Börse scheppert, auf den Tisch zu leeren, kommt indes nicht so gut an.

Beim Tip zu sparen oder allfällige Unzufriedenheit mit dem Service durch einen Abstrich beim Trinkgeld auszudrücken, kann sogar zur Folge haben, dass einem der Kellner bis auf die Straße nach läuft und über die verdammten Touristen flucht. Da geht die berühmte amerikanische Höflichkeit plötzlich den Bach runter.

Wenn die Bedienung zu wünschen übrig lässt, spricht man dies besser direkt an. Dann gibt es sicher gleich eine Extra-Nachspeise oder Ähnliches. Und an der Mindest-Trinkgeldhöhe von 15 Prozent ist schon gar nicht zu rütteln. Die Tips sind in die ohnehin niedrigen Gehälter der Angestellten einkalkuliert, und es wäre nicht fair, sie um diese Zulage zu bringen. Das gilt auch für die Zimmermädchen in Hotels u.Ä.

Gleichwohl ist im Restaurant Vorsicht geboten: Bei großen Gruppen oder ausländischen Touristen wird auf der Rechnung der Tip oft schon inkludiert. Um dies zu erkennen, muss man jedoch das »Kleingedruckte« lesen. Denn die Kellner machen einen natürlich nicht darauf aufmerksam, wenn man irrtümlich doppeltes Trinkgeld gibt …

U

Umtauschparadies

Eines der herrlichsten Dinge in den USA ist die unbegrenzte Möglichkeit des Umtauschens. Für manche Konsumenten scheint es fast schon ein Selbstzweck zu sein. Man kauft, um später wieder umzutauschen. Alles fließt, nix is fix.

Leute zum Beispiel, welche die engen Kabinen in den Geschäften nicht mögen, in denen man Kleidung anprobiert, schnappen sich einen Stoß Gewand, bezahlen und nehmen alles nach Hause. Dort kann man sich in Ruhe umziehen, mit Freund(inn)en private Modeschauen veranstalten und sie um ihre Meinung bitten.

Solange die Preiszettel nicht verschmissen und kein heißer Kaffee drübergeschüttet wird (genau genommen auch kein kalter) – kein Problem. Monatelang kann die Ware zurückgegeben werden. Wobei keine Verpflichtung zum Umtausch besteht. Geld zurück, ohne Angabe von Gründen. Wie am Fließband wird die Chose an den Kassen abgewickelt und die entsprechende Summe aufs Konto zurückgebucht.

Die Stöckelschuhe waren eben doch zu hoch und eigentlich gar nicht mein Stil, der luftige Rock ein bisschen zu kurz, der Hosenanzug zu business-like. Und jetzt gibt es eine Serie von Fotos, auf denen ich Sachen zur Schau trage, die ich gar nicht besitze. Ist das normal, ist des legal?

Was auf keinen Fall erlaubt ist, aber dennoch von manchen praktiziert wird, ist es, sich über die Umtauschschiene Kleidungsstücke quasi »auszuleihen«, sie – vorsichtig – zu einem festlichen Anlass zu tragen und dann wieder zurückzugeben. Ich will keine Namen nennen, aber mir sind einige Leute bekannt, die das regelmäßig machen.

Besonderes Glück hat man, wenn Dinge, die man zurückbringt, mittlerweile *on sale* sind. Dann bekommt man die Differenzsumme zum ursprünglichen Preis zurück. Das passiert erfahrungsgemäß just den ärgsten Oberschnorrern, die somit für ihren Geiz auch noch belohnt werden. Nächstes Mal werden sie es gezielt darauf anlegen, da bin ich mir sicher!

V

Valentine’s Day

Um den Valentinstag machen die Amerikaner ein rechtes Theater. Wehe, Sie geben zu, dass Sie am 14. Februar abends allein zu Hause sitzen. Wogen unerwünschten Mitleids werden Sie überschwemmen. Denn am Valentinstag erreicht der amerikanische Sinn für Romantik seinen jährlichen Höhepunkt. Man versichert seine(n) Liebste(n), *the significant other*, wie es so hübsch heißt, innigster Liebe und führt sie/ihn zu einem ganz besonderen Abend aus. Da müssen beim *candle-light-dinner* nur so die Funken sprühen!

Will you be my Valentine? Grußkarten werden verschickt, oft anonym und meist vorgedruckte Massenware, kitschige, sündteure Geschenke gekauft – und natürlich Blumen. Es geht schließlich nicht nur um die Liebe, sondern auch ums Geschäft.

Britische Einwanderer hatten den »Festtag« im 19. Jahrhundert in die USA gebracht, von wo er später wieder nach Europa »zurückimportiert« wurde. Heute reiben sich die Floristen beidseits des Atlantik die Hände.

Gegner der triefenden Tradition haben es schwer, zumindest in Amerika. Einfach ignorieren? Wenn, dann nur heimlich. Alleinstehenden wird ihre Einsamkeit umso stärker bewusst – aber dazu sind emotionsgeladene Feiertage ja offensichtlich da, siehe

Weihnachten. Sie haben den *Valentine's Day* daher sarkastisch in *Single Awareness Day* umgetauft.

→ Love, → X-Mas

Valet

Ein Valet ist ursprünglich ein männlicher Diener, der uns heute in den USA in erster Linie beim Valet-Parking begegnet. Majestätisch fährt man vor einem Restaurant oder Hotel vor, steigt aus dem Wagen und gibt dem Valet den Autoschlüssel. Der parkt das Fahrzeug dann in der Nähe des Lokals. Am Ende des Abends wird dieses wieder zum Eingang gebracht, wenn man den entsprechenden Abschnitt vorweist.

Ein Hochgenuss, dass man sich ums Parken nicht kümmern muss! Freilich ist das Vergnügen nicht billig, und ein schönes Trinkgeld sollte man auch springen lassen.

Beim Valet kann es sich aber auch um einen Schalter in Hotels oder Apartmenthäusern handeln, wo größere Pakete für die oder von den Gästen und Bewohnern abgegeben werden können, Kleidung zur Reinigung angenommen wird und sonstige Serviceleistungen angeboten werden.

W

Waffen

Das Recht auf Waffenbesitz ist in der amerikanischen Verfassung, im so genannten *second amendment*, verankert und wird allgemein als grundlegende Bürger-Freiheit betrachtet. *The right to bear arms* – oder wie es ein Spaßvogel einmal verdrehte: *the right to arm bears*, also das Recht, Bären zu bewaffnen.

In Europa und anderswo ist Waffenbesitz ohne Genehmigung verboten. In den USA hingegen wird an dem verfassungsmäßig garantierten Recht zum Zweck der Selbstverteidigung nicht gerüttelt. Wenn man einsam in der amerikanischen Weite wohne, müsse man sich vor Banditen und wilden Tieren schützen können, so ein häufiges Argument, das freilich ein wenig anachronistisch anmutet. Ein Gutteil der Waffenbesitzer führt wohl ein moderneres, städtischeres Leben.

Zugleich wird nach jeder größeren Schießerei – häufig an Schulen – immer wieder die Frage diskutiert, ob nicht zu verhindern wäre, dass Waffen in den USA so leicht zugänglich sind. 30.000 Todesfälle pro Jahr haben mit Waffen zu tun, 500.000 Waffen werden jährlich gestohlen.

Täglich sterben in den USA zwölf Kinder an Schussverletzungen: Manche fallen Verbrechen zum Opfer, andere sind bloß zur falschen Zeit am falschen Ort; ungesicherte Waffen in Haushalten führen zu Unfällen bzw. machen Selbstmorde einfacher – rund 1200 Jugendliche setzen jährlich mit Waffengewalt ihrem Leben ein Ende.

Vor einigen Jahren stiftete der Bürgermeister auf der Mall in Washington ein Denkmal für Schussopfer: Die Mauer des Todes ist 16 Meter lang und vier Meter hoch, auf ihr stehen ebenso nüchtern wie eindrucksvoll die Namen von 4001 Amerikanern im Alter von zwei bis 97 Jahren. Sie zeigt freilich nur einen »Schnappschuss« aus dem Gesamtbild, nämlich die Waffenopfer von April 1999, dem Tag der blutigen Schießerei an der Columbine-Highschool in Colorado, die 15 Menschenleben forderte, bis zur Enthüllung des Denkmals im Jahr 2000.

Hunderttausende Mütter fanden sich im Mai 2001 auf der Mall zusammen, um gegen Waffen zu demonstrieren. »Wir wollen keine Kinder mehr begraben müssen«, forderten sie beim muttertäglichen *Million Mom March*. Jährlich marschieren nun – freilich weniger– Mütter in der Hauptstadt Washington für strengere Waffengesetze und -kontrollen. Aber es gibt immer auch Gegendemonstrationen, etwa der *Second Amendment Sisters*, einer Frauengruppe, die auf den Zweiten Zusatzartikel der Verfassung pocht.

Ein tiefer Riss geht in der Waffenfrage durch die amerikanische Gesellschaft. Auf der einen Seite stehen jene, die genauere Überprüfungen von Waffenkäufern fordern sowie die Verpflichtung, dass Waffenbesitzer eine Lizenz haben und ihre Waffen registrieren müssen. Sicherheitssperren für Handwaffen sollen gesetzlich vorgeschrieben werden, individuelle Waffenkäufe nur einmal pro Monat erlaubt sein.

Vor allem sollen strenge nationale Standards forciert werden. Derzeit variieren die Waffengesetze sehr stark von Staat zu Staat. Experimente, die sich in einzelnen Bundesstaaten bewährt haben, konnten sich bisher nicht auf Bundesebene durchsetzen.

Zugleich gerät die US-Waffenindustrie immer mehr unter Druck. Man wirft ihr vor, Technologien zu vernachlässigen, die den Waffenbesitz wesentlich sicherer machen könnten. Schon seit Beginn der neunziger Jahre sind so genannte »intelligente Waffen« (*smart guns*) in Diskussion, die nur von ihren Besitzern benützt werden können. Dies kann durch den Einbau von mechanischen, elektromechanischen oder magnetischen Sperren erreicht werden; auch die Erkennung mittels Fingerabdrücken oder eines Codes ist möglich.

Jahrzehntelang schien es in den USA unmöglich zu sein, die starke Polarisierung zu überwinden, die zwischen den Waffenherstellern und jenen Gruppen herrscht, die für strengere Waffenkontrollen kämpfen. Dann gab ein richtungweisendes Abkommen zwischen der US-Regierung und dem Waffenhersteller Smith & Wesson Hoffnungen Auftrieb, dass man mit Hilfe der neuen Waffentechnologie aus der Sackgasse herauskommen könnte.

Smith & Wesson hatte sich bereit erklärt, zahlreiche Maßnahmen für die Sicherheit zu ergreifen, wenn im Gegenzug einige gegen die Firma anhängige Verfahren fallengelassen werden. Smith & Wesson produziert etwa ein Fünftel der jährlich in den USA verkauften 2,5 Millionen Handfeuerwaffen und gilt als Amerikas größter Waffenhersteller.

Aber es ist wie das Amen im Gebet: Solche Schritte rufen sofort Kritiker auf den Plan. Die Smart-Gun-Technologie könne nicht effizient kontrolliert werden, es gebe viele Schlupflöcher, illegale Waffenhändler würden Wege finden, die Sicherheitssperren außer Gefecht zu setzen und sich so einen neuen Markt erschließen. Auch fehle eine Lösung für die bereits existierenden 220 Millionen Waffen.

Es scheint eine unendliche Geschichte zu sein, ein ewiger Kampf zwischen Waffengegnern und -befürwortern. Einer der wesentlichen Gründe, warum sich auf dem Gebiet so wenig bewegt, ist die »Macho«-Macht der National Rifle Association (NRA). Auch Ideologie, regionale Besonderheiten und Parteipolitik spielen eine große Rolle.

Wait to be seated

Nur nichts überstürzen. Sie haben ein Lokal betreten und wollen sich setzen. Aber halt. Eigenmächtig geht gar nichts. In den USA gibt es eigene Platzanweiser beziehungsweise *maîtres d'*, die nicht übergangen werden wollen. Sie warten an einem Stehpult, haben ein riesiges Reservierungsbuch vor sich und prüfen die Gäste zunächst einmal auf Herz und Nieren: ob Sie vorbestellt haben (Nein? Sieht schlecht aus!), ob sie einen Nichtraucher- oder Rauchertisch haben wollen (wenn sie Glück haben, denn meistens existieren letztere ohnehin nicht mehr) und um wie viele Personen es sich handelt. *A party of six?*

Die Platzanweiser geben sich zumeist sehr geschäftig und führen die Gäste quer durchs Restaurant, selbst wenn nahe beim Eingang noch ein Tisch frei wäre. Manchmal ist der zugeteilte der hässlichste von allen, und nicht immer ist es von Erfolg gekrönt, wenn man einen bestimmten Platz verlangt, etwa beim Fenster.

Die Logik der Platzverteilung ist völlig undurchschaubar, sie hat wohl mit den verfügbaren Kellnern (für unsere Begriffe immer unendlich viele) und deren Sprengeln zu tun. Der Amerikaner fügt sich natürlich, der Europäer muckt auf. Aber wie überall gewöhnt er sich mit der Zeit. Zurück in Europa, wartet er dann meist vergeblich im Eingangsbereich der Restaurants, wo ihm niemand zu Hilfe eilt. → **Entrée**

Walzer im Waldorf

»*Alles waltz*« heißt es alljährlich im Großen Ballsaal des Hotel Waldorf-Astoria in New York, wenn dort unter den Auspizien der US-Österreichischen Handelskammer der Viennese Opera Ball über die Bühne geht.

Nach dem Empfinden des unbeteiligten Beobachters aus Österreich eine reichlich skurrile Angelegenheit, mit vielen Konzessionen an den amerikanischen Geschmack. Das Publikum, durchaus auch im saloppen Sommerkleid, gleitet lang nicht so leichtfüßig übers Parkett, wie man es aus Wien gewohnt ist. Das mag auch mit dem mehrgängigen Menü zu tun haben, das bei diesem Ball parallel (!) zum Tanzvergnügen serviert wird. Wie soll man auch richtig beschwingt sein, wenn der Wein rationiert ist? Das verärgert manche der rund 500 Gäste ein wenig, zumal sie sich das Ticket 400 Dollar haben kosten lassen.

Traditionell beginnt es damit, dass ein von einem Schimmel gezogener Fiaker in den Saal einfährt. Kein Wunder, dass die Amerikaner nach solchen Erlebnissen Kitsch-Klischees anhängen. Dem ersten Walzer folgen die klassische Eröffnung durch einige handverlesene Paare, eine Operetteneinlage (Oje, Oje, wie rührt mich dies/Die Fledermaus) und eine Tanzbar. Nachtvögel können sich an *Gulash Soup* und *Warm Pretzels* delektieren.

Zu Ende des offiziellen Teils regnet es Luftballons von der Decke herab – mit Gutscheinen für Geschenke, hauptsächlich natürlich mit Österreich-Bezug. Das schicke New Yorker Girlie sah freilich letztes Mal mit der ergatterten Lodenjacke nicht sehr glücklich aus.

Dass just die österreichische Journalistin, mit Gratis-Presseticket erschienen, bei der Tombola eine elegante Schmetterlingsbrosche des New Yorker Juweliers *Van Cleef & Arpel* gewinnt, macht die Organisatorin des Balls ziemlich unglücklich. »*I can't believe, you've won the butterfly pin*«, stöhnt sie neidvoll und schmerzerfüllt.

Der journalistischen Schmuckbanausin wird erst später klar, dass die Brosche rund 5000 Dollar wert ist. Brillianten und Perlmutter vor die Säue. Mittlerweile ist der Schmetterling über den Atlantik geflogen, und bei feierlichen Anlässen hängt er an Mutters Brust. Die weiß das edle Stück wenigstens zu schätzen.

→ **Café Mozart**

Weißes Haus

Tja, wo versteckt es sich eigentlich, das *White House*? Man ist die Mall entlang spaziert, vom Kapitol ausgehend, vorbei an imposanten Museen und Ministerien, und erwartet, dass nun, ebenso eindrucksvoll, der Amts- und Wohnsitz des US-Präsidenten auftaucht, bekannt aus zahllosen Nachrichtensendungen, vermeintlich vertraut aus Filmen und Serien à la *West-Wing*.

Doch nein – die Überraschung für jeden Washington-Erstling besteht darin, dass das Weiße Haus eher klein und bescheiden aussieht. Von der Mall-Seite aus betrachtet – die übliche Ansicht fürs Fotoalbum –, duckt es sich geradezu in den dicht bewachsenen Garten; auch auf der Seite der Pennsylvania Avenue Nr. 1600 – so die offizielle Adresse, falls Sie mit dem *First Couple* korrespondieren wollen –, wirkt das *White House* eher wie eine bessere Villa.

Die Parade anlässlich der Präsidenten-Inauguration findet auf der Pennsylvania Avenue statt, die direkt schräg zum Kapitol führt. Sie wurde vor einigen Jahren aus Sicherheitsgründen für den Autoverkehr gesperrt und ist jetzt Fußgängerzone. Ein Umstand, über den sich Europäer freuen würden, der aber von der amerikanischen Presse mit Bedauern zur Kenntnis genommen wurde. → **Pedestrian**

Gearbeitet wird im Westflügel des Weißen Hauses, wo sich auch das berühmte *Oval Office* befindet. Hier werden die Pressekonferenzen abgehalten, hier verbringen die ständigen *White-House-Correspondents*, in kleine Kobel gepfercht, ihre Tage. Vor dem *West Wing* »kampieren« und lauern die meiste Zeit Kameramänner und Fotografen.

Von den amerikanischen Präsidenten hat nur George Washington hier noch nicht residiert, aber er wählte den Standort gemeinsam mit dem Stadtplaner Pierre L'Enfant, der sich bei der Planung Washingtons stark an Paris orientierte. In der Tat erinnern die vielen Prachtboulevards, die großzügige Anlage an vielen Stellen an die französische Hauptstadt. Eine gerade Achse führt vom Weißen Haus via *Washington Memorial* (Obelisk) zum *Jefferson Memorial* (mit Kuppel), eine ebensolche vom Kapitol zum *Lincoln Memorial* (massiver Quader).

Der Grundstein für das *White House* wurde am 13. Oktober 1792 gelegt, dem Gründungstag der neuen Hauptstadt. Am 1. November 1800 konnte der zweite amerikanische Präsident, John Adams, hier einziehen. Seinen Namen erhielt das Weiße Haus 1901 aufgrund – *surprise!* – des weißen Außenanstrichs.

Der Sitz des amerikanischen Präsidenten wurde durch Krieg und Feuer beschädigt, wieder aufgebaut, renoviert, modernisiert. Heute umfasst es 132 Räume, 35 Badezimmer, 412 Türen, 147 Fenster, 8 Treppenhäuser, 3 Aufzüge, Swimmingpool, Tennisplatz, eine Bowlingbahn und einen Kinosaal. Für die Öffentlichkeit, die bis zum Beginn des Zweiten Weltkriegs relativ freien Zutritt hatte, gelten heute aus Sicherheitsgründen rigide Bestimmungen. Die Kontrollen sind streng, die Schlangen oft lang. Ohnehin ist die Tour durch die Repräsentationsräume – unter uns gesagt – nicht spektakulär. Am ehesten noch der Ausblick in Richtung Mall.

In den *West Wing* dringen eigentlich nur auserwählte Besucher vor. Staatsgäste und dergleichen. Journalisten mit permanent gültigem White-House-Presseausweis. Ansonsten müssen auch sie sich für jeden Anlass extra akkreditieren lassen.

Als meine Wenigkeit zum ersten Mal Einlass fand – im Herbst 1999 –, hatte ich Herzklopfen. Im Zentrum der Macht, am Puls des Geschehens, das erlebt man nicht alle Tage. Ein befreundeter Diplomat hatte mich eingeschleust, die Sicherheitskontrollen waren dank seiner Beziehungen vergleichsweise schmerzlos gewesen. Fast bis ins *Oval Office* drang ich vor, warf einen Blick in den Garten und sah *ihn*. Nur kurz, bloß von hinten, skurrilerweise mit einem Plastiksackerl in der Hand: (damals noch) Bill Clinton. Wow! Auch er nur ein Mensch.

→ Beltway, → D.C.

White elephants

White elephants sind Dinge, die man nicht haben will – wie der ostasiatische weiße Elefant, der in der Haltung aufwändig, aber ohne praktischen Nutzen ist. Da er jedoch in der Region als heilig gilt, lässt er sich nur schwer loswerden. Im übertragenen Sinn bezeichnen die Amerikaner unwillkommene Geschenke als *white elephants*. Sie mögen sehr teuer gewesen sein, aber unpraktisch, geschmacklos, whatever.

Die amerikanische Tradition des *white elephant gift exchange* ist somit eine wunderbare Gelegenheit, unliebsame Geschenke wieder loszuwerden. Die Sache spielt sich üblicherweise auf Partys nach Weihnachten folgendermaßen ab: Jeder bringt ein *gift* mit, das ihm besonders schlecht in den Kram passt (im wahrsten Sinn des Wortes) und bietet es den anderen an. Bitte nur zuzugreifen! Das böse Spiel heißt auch: *Dirty Santa, Rob Your Neighbor, Nasty Christmas*.

Der einzige Haken an der Sache: Man darf die Festivität nicht verlassen, ohne ebenfalls ein Geschenk mitzunehmen. Und die Chancen stehen nicht besonders gut, dass man tatsächlich etwas findet, was einem besser gefällt. Auch besteht die Gefahr, dass potthässliche Wanderpokale immer wieder auf Parties auftauchen. Aber Spaß macht es trotzdem! Nur Geschenke, die man von einem der Anwesenden bekommen hat, sollte man lieber von vornherein zu Hause lassen …

X

X-Large

Dass in den USA die Fettleibigkeit grassiert, haben Sie schon unter O (→ **Obesity**) nachgelesen. Oder mit eigenen Augen gesehen. Auch in unseren Breitengraden machen sich die Menschen ja bekanntlich immer breiter. Das Angenehme in den USA ist, dass man Kleidung problemlos in allen Über- und Überübergrößen bekommt.

Der Umstand, dass zwei von drei Amerikanern übergewichtig sind, steigert aber auch die Nachfrage nach einer Reihe von anderen Produkten. Die Firma *Amplestuff*, die ihren Sitz in Bearsville hat, führt bereits über 100.000 Übergewichtige in ihrer Kartei und konnte ihren Umsatz seit der Gründung vor 18 Jahren jährlich um 20 Prozent steigern.

Die geräumigen, großen, üppigen Dinge (ample stuff) im Angebot folgen dem Motto *»Make your world fit you«* – nicht der Mensch passt sich der Umgebung an, sondern die Welt an ihn. Das Bedarfs-Spectrum reicht von quasi-medizinischen Produkten wie etwa Sockenanzieher, Beinanheber zum Ein- und Aussteigen aus dem Wagen, Sitzgurtverlängerer, Lotion-Applikator oder Wannen-Wäscher über die besonders stabile Waage und das extra lange Maßband bis zum Greifstab, falls einem etwas unters Bett gefallen ist, und dem Minilenkrad fürs Auto, damit der Volant dem stattlichen Körper keinen Platz wegnimmt. Nicht nur die Sitze, etwa im Flugzeug, sind breiter geworden. Sogar Särge gibt es bereits in Doppelbett-Breite. Dafür sorgt die Firma *Goliath Casket*. Bleibt zu hoffen, dass die Wege auf dem Friedhof und die Gräber nicht zu eng sind.

Solange die zahlreichen Dicken freilich noch unter den Lebenden weilen, versuchen sie üblicherweise doch auch, ein wenig an ihrem Gewicht zu arbeiten. Dabei helfen Organisationen wie zum Beispiel die *Weight Watchers* oder die *Overeaters Anonymous*, die sich bemühen, den Übergewichtigen zwanghaftes Essen abzugewöhnen.

→ Diet

X-Mas

Weihnachten hat in den USA nicht nicht so einen hohen Stellenwert wie Thanksgiving, aber gefeiert wird es trotzdem, wenn auch nicht von allen. Weihnachtskarten verschickt man lieber mit der unverfänglichen Aufschrift *Season's Greetings*, um niemanden mit der expliziten Anspielung auf das christliche Fest in seinen religiösen Gefühlen zu verletzen. *To hurt someone's feelings* ist ja generell eine Untat, vor der man sich tunlichst hüten muss.

Christmas also: Dass man schon Wochen vor dem Fest in sämtlichen Geschäften mit kitischiger Weihnachtsmusik zugedröhnt wird, kennen wir auch aus unseren Breitengraden. *Jingle Bells, I'm dreaming of a white Christmas, Santa Claus is coming to town* etc., – dazu tanzt eine aufgezogene Santa-Puppe im Supermarkt, schwingt ihre Hüften – und schwingt und schwingt und schwingt. Wird denn die Batterie niemals leer?

Weihnachtsdekoration gibt es in Hülle und Fülle – und in manchen Geschäften sogar das ganze Jahr über zu kaufen. Die

Dekorationen öffentlicher Straßen und privater Gärten im Advent sind beeindruckend, bezaubernd. Eine Besichtigungstour, vor allem durch die Vororte von Städten, zahlt sich unbedingt aus. Ganze Rentierschlitten »fahren« da durch den Schnee; Dachfirste glitzern, Bäume erstrahlen. Es gehört einfach dazu, Haus und Garten zu schmücken. **Tipp!**

Für Europäer ungewohnt, werden in Amerika die Christbäume schon Anfang Dezember gekauft und aufgeputzt. Echte Kerzen sind unüblich, und so leuchten die mit elektrischen Lichterketten geschmückten Bäume (manchmal sind selbst diese aus Plastik) schon Wochen vor dem Termin wie bei uns am Heiligen Abend. Ein seltsamer, aber doch schöner Anblick.

Als logische Folge dieser Gepflogenheit liegen bereits ab 25. Dezember ausrangierte Christbäume in Vorgärten und am Straßenrand. Ein gefundenes Fressen für Leute wie uns, die zu diesem Zeitpunkt gerade vom Weihnachtsurlaub aus Europa zurückkehren. Im ersten Jahr schnappten wir uns nächtens ein zufällig entdecktes entzückendes kleines Bäumchen, stellten es zu Hause auf und schmückten es, ganz improvisiert. Erst knapp vor Ostern brachten wir es übers Herz, uns davon zu trennen.

Im Jahr darauf hatten wir Pech. Am 28. Dezember – diesmal hielten wir gezielt Ausschau – waren erst einige wenige Weihnachtsbäume in → **X-Large** zu finden. Aber wenn man es sich nun einmal in den Kopf gesetzt hat, Post-Weihnacht zu begehen! Wir öffneten das Cabrio-Dach, verstauten den sperrigen Baum auf dem Rücksitz und fuhren bei Minusgraden verstohlen nach Hause, während uns ein eisiger Wind um die Ohren pfiff. Es war wohl ein etwas sonderbarer Anblick …

Das Dach war nachher eingefroren und ließ sich nicht mehr schließen, der Baum für unsere Wohnung viel zu groß – und zu guter Letzt die Entsorgung aus der Wohnung schwierig. Aber bitte, wir hatten, wie gewünscht, unsere Weihnachten auf amerikanisch!

→ **Holidays**, → **Thanksgiving**

Y

Y'all

Statt *you* sagte meine Nachbarin Arlene gern *you all*, kurz: *y'all*. Wenn sie meinen Sohn und mich ansprach, wunderte mich das nicht weiter – zwei Personen können schließlich *wir alle* sind; die Anrede erschien mir als Synonym von *you guys*.
Als sie dann aber auch mich allein mit *y'all* addressierte, wurde ich stutzig und spähte über meine Schulter. Ist da noch jemand außer mir? Bin ich net allan?, wie man in Wien so schön sagt, wenn jemand nicht ganz bei Trost ist.

Aber die Sache ist ganz einfach. Südstaatler wie Arlene – und zum Teil auch Afroamerikaner – sagen statt *you* einfach *y'all*. Das gilt im allgemeinen zwar nicht gerade als hochsprachlich, aber es entbehrt – jedenfalls für das ausländische Ohr – nicht eines gewissen Charmes. Ich persönlich stehe total auf y'all!

Es klingt fast schon wie eine Art *pluralis maiestatis*; ohnehin hieß *you* zu Shakespeares Zeiten *ihr*, »du« hingegen *thou*.

Abgesehen davon ist der Südstaaten-Slang für einen Ausländer ziemlich schwer verständlich und gewöhnungsbedürftig. Melodiös zwar, aber stark gerollt und geknödelt, so dass es eine Zeit brauchte, bis ich mit Arlene ein gut nachbarschaftliches Verhältnis aufbauen konnte. Die Freundschaft hat dafür dann aber umso besser gehalten.

Yardsale

Ein kleines Quiz: Die amerikanische Nation ist durchdrungen von a) Gesetzen, b) Idealen, c) verschiedenen Kulturen, d) Kram/ Klumpert. Diese Frage stellte *USA Today* seinen Lesern. Die richtige Antwort ist – zumindest laut Zeitung – d: (unnützes) Zeug.

Die Amerikaner sind nämlich nicht nur waffenorientierte Jäger, sondern auch passionierte Sammler. Keller, Dachböden und Garagen quellen im amerikanischen Durchschnittshaushalt über vor *Junk*: alte elektronische Geräte, Sportausrüstungen aller Art, ausrangierte Möbel, Spielzeug, Kleidung etc. – all das, was Europäer üblicherweise infolge von Platzmangel nicht behalten können. Sightseeing in einem Einfamilienhaus in den USA hat durchaus seinen Wert! Tipp!

Die Amerikaner haben in den späten Neunzigern mit steigendem Wohlstand größere Häuser gekauft und geben mehr Geld aus, sodass sich diese automatisch füllen. Jeder amerikanische Haushalt verfügt im Schnitt über 2,4 Fernsehgeräte, 5,6 Radios und 1,3 Autos in Haushalten mit einem niedrigen Jahreseinkommen, 2,4 Fahrzeuge mit einem höheren. 142 Kataloge überschwemmen jährlich jeden Haushalt, und in jeder Geldbörse befinden sich 6,9 Kreditkarten.

Bei Übersiedlungen oder Todesfällen wird oft nicht ausgemistet, sondern das Problem aufgeschoben: Das Gerümpel wandert *in storage*, wird bei einer Firma gegen Bezahlung eingelagert. Ob die akkumulierten, endlos aufbewahrten Dinge wirklich glücklich machen, ist eine andere Frage.

Immer mehr setzt sich ein neuer Trend durch: Leute von außen zu holen, die einem – natürlich ebenfalls gegen Bezahlung – bei der Entscheidung helfen, was man behalten, wovon man sich trennen sollte. Die herkömmlichere Methode, einen Teil seines Hab und Guts loswerden zu wollen, ist ein *yardsale*, auch *garage sale* oder *tag sale* genannt (nach dem Preisschild auf der angebotenen Ware).

Es ist ein informeller Flohmarkt im eigenen Garten, der meist ein paar Tage im voraus per Anschlag in der *neighborhood* angekündigt wird. Professionelle Schnäppchenjäger sind oft schon

Tipp! vor Beginn zur Stelle (*early birds*). Für Neuankömmlinge in den USA ist es die ideale Methode, Hausrat zu erwerben, unter anderem Elektrogeräte (jene aus Europa sind nicht zu verwenden) – und umgekehrt, wenn sie das Land wieder verlassen, alles wieder loszuwerden.

Der Besuch von *yardsales* kann freilich auch als reines Hobby betrieben werden. Aber Vorsicht: Ehe man sich versieht, hat man wieder Unmengen von unnützem Zeug aufgehäuft …

→ Shopping, → Umtauschparadies

You can say you to me

Das Herrliche in Amerika ist, dass es kein *Du* und kein *Sie* gibt und auf akademische Titel nicht der geringste Wert gelegt wird. Bestenfalls spricht man jemanden mit Mrs., Ms. oder Mr. an, üblicherweise jedoch mit dem Vornamen. *You can say you to me.* Das erleichtert Telefonate mit Ämtern oder andere Recherchen enorm. Nie muss man sich den Kopf zerbrechen, ob man etwa die Eltern von Freunden mit Sie ansprechen muss oder wie der Ehepartner von jemandem zu titulieren ist, mit dem man schon längst per du ist.

Manchen mag es distanzlos erscheinen, aber dem ist in der amerikanischen Realität nicht so. Im zwischenmenschlichen Umgang gilt zwar die Devise: *easy-going*, aber das heißt nicht, dass man einander respektlos begegnet. Höflichkeit ist in den USA ohnehin oberstes Gebot. Und die Nuancen der Nähe lassen sich schließlich auch auf andere Weise ausdrücken als mit Du und Sie.

→ How are you today?

Z

Zäune & gated communities

Zäune glänzen in weiten Teilen der USA durch Abwesenheit, was einen sehr sympathischen Eindruck erweckt. Hier schottet man sich nicht vom Nachbarn ab, zieht keine akkurate Grenze, damit nur ja niemand den eigenen Schrebergarten betritt. Kein kleinkariertes, sondern großflächiges Denken. Bestenfalls Pferde werden in einer Koppel eingezäunt, damit sie nicht davon galoppieren.

Wie so oft in den USA gibt es aber auch hier – parallel zur zaunlosen Gesellschaft – genauso den umgekehrten Trend: die so genannten *gated communities*, also eingezäunte oder gar ein gemauerte Wohngebiete. Häufig sind sie elektronisch überwacht, die Eingänge für Fußgänger, Rad- und Autofahrer werden streng kontrolliert.

Die *gated community* ist fast schon ein eigenes Dorf, mit Infrastruktur und allem Pipapo. Wer nicht hinaus in die Welt will, kommt auch »drinnen« gut über die Runden. Hier wohnen nicht gerade die Ärmsten, die da ihre Protzvillen gegen jegliche Bedrohung von außen schützen. *Gated communities* haben sich zuletzt in verschiedenen Weltregionen rapide entwickelt, etwa auch in China, Mexiko und Brasilien. In den USA lebten im Jahr 2000 bereits acht Millionen Amerikaner in solchen *communities*, unter anderem auch zahlreiche Pensionisten.

Natürlich kann man es den Bewohnern nicht verdenken, dass sie sich in so einer Umgebung sicherer fühlen, und sie zahlen ja entsprechend dafür. Es gibt aber auch viele kritische Stimmen, die sich gegen die allzu homogen besiedelten »Befestigungen« wenden und argumentieren, dass durch die Reichen-Ghettos die Kriminalität nicht gesenkt, sondern nur in andere Gebiete »weggeschoben« werde.

Zero-Tolerance

Null-Toleranz ist in den USA ein beliebtes Schlagwort: gegenüber Temposündern, Rauchern, Leuten, die Hundstrümmerln nicht wegräumen, etc. Besonders häufig taucht der Ausdruck aber im Zusammenhang mit Kriminalität und Gewalt, insbesondere an Schulen, auf.

Nach der Tragödie an der Columbine-Highschool im Jahr 1999, bei der zwei Schüler zwölf Mitschüler und einen Lehrer erschossen und danach Selbstmord begingen, war eine Trendwende zu bemerken: Der Vorfall in Colorado stellte eine Zäsur dar. Sicherheitsvorkehrungen wurden verschärft, den Schulen Polizisten zugeteilt. Die Schulen gleichen Festungen: Kameras, Sperren, peinlich genaue Kontrolle der Schüler plus Buchführung, wo sich diese gerade aufhalten, Toiletten-Anlagen nicht ausgenommen. Dort gibt es manchmal nicht einmal Türen – Transparenz bis ins Letzte.

Das geringste Fehlverhalten wird nicht toleriert, sondern geahndet, wobei die zu erwartenden Konsequenzen vorhersehbar sein müssen. Man nimmt in den USA heute lieber das Risiko auf sich, geplante Lausbubenstreiche zu ernst zu nehmen, als Pläne für Gewalttaten zu übersehen. »Es geht nicht darum, Mitschüler zu vertratschen, sondern blutige Vorfälle zu verhindern«, erklärt der Direktor des Nationalen Zentrums für Schulsicherheit.

Die Kehrseite der *zero-tolerance*: Es wird auch kein Fehlverhalten mehr geduldet, das je nach Altersstufe vielleicht relativ normal ist. Raufen, streiten, Streiche spielen – schon der geringste Fehler wird bestraft, nach dem Motto: Wehret den Anfängen. Auch dass die Klassenkameraden zum Petzen geradezu motiviert werden, wobei häufig sogar Belohnungen locken, ist der Klassengemeinschaft nicht unbedingt förderlich.

Viele Schulbezirke haben Telefon-Hotlines eingerichtet. In den vergangenen Jahren wurden in mehreren Bundesstaaten Anschläge vereitelt, darunter der Plan einiger Schüler, Columbine zu wiederholen. Die Polizei stellte detaillierte Skizzen, Waffen und Bomben sicher. Statistisch gesehen ist die Gewalt an Schulen zurückgegangen. Zugleich steigt die Wahrscheinlichkeit, dass bei einzelnen Vorfällen eine größere Schar von Schülern zu Schaden kommt. Insgesamt gibt es jährlich eine Million Gewaltakte an amerikanischen Schulen.

Columbine hatte einen Kreuzzug von Schülern, Lehrern, Eltern, Psychologen und Behörden ausgelöst. Die Schwerpunkte: Forschung nach den Ursachen von Gewalt an Schulen und Prävention. Vom FBI und mehreren Schulbehörden wurde eine Reihe von Studien über gewalttätige Schüler in Auftrag gegeben. In manchen Schulen wird heute das Fach *character-education*, Charakter Erziehung gelehrt. Auch die Polizei wird speziell auf Schulszenarien hin trainiert.

Generell setzt man auch bei der Kriminalitätsbekämpfung immer mehr auf Prävention. »Wir haben viele Lektionen gelernt. Der klassische politische Zugang zur Kriminalität verlangt nach einer ›toughen‹ Polizei, die schnell eingreift und hart bestraft. Da wird erst reagiert, wenn es ein Problem gibt, Prävention passiert nur nach dem Zufallsprinzip. Unser Projekt zeigt, dass es auch anders geht.« Jim Jordan von der Bostoner Polizei verweist stolz auf die Erfolge seiner Stadt im Kampf gegen Kriminalität. Das *Boston Gun Project*, das Mitte der Neunziger Jahre gestartet wurde, gilt in den USA als richtungsweisend.

Das Prinzip wirkt erstaunlich einfach: Forscher, Polizisten, Bewährungshelfer, Lehrer, Sozialarbeiter und Kirchenvertreter schlossen sich zu einer breiten Koalition zusammen und sagten den Straßengangs, die sich vorwiegend aus Jugendlichen zusammensetzen, flächendeckend und systematisch den Kampf an. »Wir begannen, miteinander zu reden, Listen zu vergleichen, Gewaltmuster und Spitzenzeiten für Verbrechen zu erkennen«, so Jordan.

Dabei habe man festgestellt, dass es sich wider Erwarten um keine großen Gangs handelte, sondern auch in armen Gebieten nur eine winzige Minderheit der Jugendlichen für die Kriminalität verantwortlich war. Es beginnt oft »spielerisch«, bald folgt der Griff zur Waffe, wobei es großteils um Drogen und die Verteidigung der Ehre geht.

»Wir vermitteln jedem einzelnen eine auf ihn zugeschnittene Botschaft«, so Jordan, »die Jugendlichen wissen, dass wir sie kennen und beobachten. Wir warnen sie davor, dass sie ihr Leben ruinieren können. Es werden bestimmte Regeln festgesetzt und ebenso Sanktionen für deren Verletzung, etwa Ausgangssperren. Das alles passiert möglichst, *bevor* es zu Schießereien kommt und jemand ins Gefängnis muß.«

Der pragmatische Lösungsansatz hat in Boston die Anzahl der Morde in den letzten zehn Jahren von über 100 pro Jahr auf weniger als zehn gesenkt. Auch die Schießereien gingen drastisch zurück. Das Beispiel Boston hat mittlerweile in vielen anderen amerikanischen Städten Schule gemacht, wie etwa Minneapolis, Baltimore, Los Angeles und Indianapolis.

Allgemein ist die Kriminalitätsrate in den USA seit den Neunzigern stetig gefallen und in den vergangenen Jahren relativ stabil geblieben; zuletzt gab es wieder einen leichten Anstieg. Die Erfolge werden auf bessere Kooperation von Regierung und Bürgern, effizientere Taktiken der Polizei – siehe oben – und deren verstärkte Präsenz zurückgeführt, ebenso wie auf intensive Nachbarschafts-Programme.

Die Republikaner machen auch die allgemeine Verschärfung von Strafen dafür verantwortlich, die die Gefängnisbevölkerung stark anwachsen ließ und die Haftdauer verlängert hat. Derzeit sitzen mehr als zwei Millionen Amerikaner im Gefängnis, die durchschnittliche Haftdauer hat sich in den vergangenen 20 Jahren verdreifacht.

Diese Zahlen sind freilich nicht für alle Beobachter Grund zur Freude. Manche halten sie im Gegenteil für besorgniserregend und argumentieren, dass die Kriminalität nicht besiegt, sondern eher verdeckt wurde. Und das zu erwartende massive Anwachsen der jugendlichen Bevölkerung zwischen 15 und 25 Jahren im kommenden Jahrzehnt könnte sich negativ auf die Kriminalitätsrate auswirken, da diese Gruppe ein großes Stück vom Verbrechenskuchen für sich beansprucht.

Zurück nach Europa

Herbst 2003 – Der »Bulle von Tölz« kommt mir plötzlich gar nicht mehr so dick vor. Stattlich – ja. Und behäbig. Aber es gibt Schlimmeres. Dafür wirkt die Waschmaschine winzig. Da geht ja fast nichts hinein! Die Autos in Europa scheinen klein und die Straßen eng. Kleingeister und Engstirner lauern. Die Distanzen sind gering – große Sprünge macht man nur ungern. Und häufig landet man in der Hundescheiße. Ungeordnete und ungeduldige Menschenschlangen, wo es zu warten gilt. Grantige Gesichter, destruktive Gemüter, Kritik um der Kritik willen, ja, das können wir hier: l'art pour l'art.

Alles ist relativ, und vier Jahre USA haben den Blick verändert. Die Weite und Großzügigkeit, das Gefühl der Freiheit – und wenn es denn auch nur ein Gefühl ist –, die unendlichen Naturschönheiten, Höflichkeit und Toleranz, der Mix von Menschen verschiedener Herkunft. Äußerlichkeiten sind nicht so wichtig wie bei uns. »You« sagt man zu jedem, der Vorname genügt. Die enormen Distanzen erhöhen automatisch die Flexibilität. Ein Leben wie in einem großen Pyjama. Öffnungszeiten rund um die Uhr. Das alles rückt mit einem Mal in die Ferne. Ein Lebensabschnitt entschwindet, die Seele braucht länger als der Körper, sodass der Jetlag vor allem ein emotionaler ist. Auf zu neuen Ufern. Mit einer Träne im Knopfloch.

Immerhin schmeckt der Kaffee plötzlich wieder gut. Und die Zigarette auch. In Amerika ist ein Raucher ja selbst im Freien Außenseiter. Knuspriges Schwarzbrot kracht zwischen den Zähnen, die unter den kundigen Händen des amerikanischen Zahnarztes natürlich viel weißer und besser geworden sind.

Die vier Jahre in Amerika sind wie im Flug vergangen. Der Sprung über den großen Teich war zunächst ein Sprung ins kalte Wasser gewesen – so wie es wohl jeder empfindet, der zum ersten Mal in die Fremde geht. Genauso schwierig ist dann die Rückkehr in die Heimat. Wer im Ausland lebt, hat manchmal zwei Zuhause, manchmal keines. Ein Leben zwischen den Welten. In den USA verteidigt man die Europäer, in der Heimat die Amerikaner, zumal in Zeiten des weit verbreiteten, undifferenzierten Antiamerikanismus. »Bist du nicht glücklich, zurück zu sein?« – »Die Amerikaner sind ja so naiv, so simpel!« »So oberflächlich!« Solches und Ähnliches prasselt auf mich nieder. Ich kann es nicht mehr hören.

Es ist, als ob man meine Freunde Arlene, John, Nancy – und wie sie alle heißen – pauschal beleidigte. Dazu alle anderen Amerikaner mit kritischem Geist und Menschenverstand. Zugleich wird die allgegenwärtige Freundlichkeit fälschlich mit Oberflächlichkeit gleichgesetzt und so in einen billigen Vorwurf umgemünzt. Dabei ist diese im täglichen Leben höchst angenehm, sei es an der Supermarktkasse, sei es im Restaurant.

Mag sein, dass in den USA die breite Masse uninformiert ist – wie übrigens die Bevölkerung in so vielen anderen Ländern auch. Mag sein, dass Dinge aus dem Bauch heraus beurteilt werden und sich der unreflektierte Stolz auf das »größte Land der Welt«, die »älteste Demokratie« et cetera zeitweise in schwülstigem Patriotismus entlädt, den unsereins nicht nachvollziehen kann. So wie man eben generell in fremden Kulturen nicht alles versteht (was ja umgekehrt auch häufig deren Reiz ausmacht).

Über der »Einfalt der Bush-Regierung« dürfe man nicht die »Vielfalt Amerikas« vergessen, mahnte der inzwischen verstorbene amerikanisch-palästinensische Intellektuelle Edward W. Said. Die fundamentalistischen Züge der Bush-Regierung müssten in das differenzierte Bild einer widersprüchlichen Gesellschaft eingeordnet werden. Bush ist nicht gleich Amerika. Den von 2001 bis 2008 amtierenden US-Präsidenten als Totschläger-Argument gegen das ganze Land zu verwenden, erinnert Österreicher an Zeiten, als vor einigen Jahren beim Antritt der schwarz-blauen Regierung die Österreicher im Ausland pauschal als Nazis abgestempelt wurden. Es wäre schade, wenn man sich von den bunten Vereinigten Staaten nur ein Schwarzweißbild machte!

Was Amerika ausmacht, ist mehr als Machtgehabe, Sex & Crime. Mehr als Gewalt, Waffen, Drogen. Film und Fernsehen aus Übersee vermitteln ein einseitiges, verzerrtes Bild – 80 Prozent der in Europa gezeigten Filme kommen aus Amerika. Das Leben in den USA ist jedoch kein Roadmovie, keine Seifenoper, kein Actionfilm.

Neuankömmlinge staunen häufig über die vielen Kirchen im Lande, die Religiosität und wertkonservative Einstellung der Amerikaner. Prüde Puritaner? So lautet ja das andere Extrem der Kritik an Amerika. Eine Medaille mit zwei schlechten Seiten also.

In Washington macht man sich zunehmend Sorgen um das schlechte Image des Landes – belegt durch zahllose Umfragen – und hat in den letzten Jahren die umfassendsten PR-Kampagnen in der Geschichte der amerikanischen Außenpolitik lanciert. Es gilt, Amerika möglichst gut zu verkaufen. Der Schwerpunkt liegt auf »entfremdeten« Ländern beziehungsweise deren Bevölkerungen in Nahost und Südasien. So sollen etwa in Videos oder speziellen Fernsehsendungen (häufig in arabischer Sprache) Amerikaner muslimischer Abstammung demonstrieren, wie offen und tolerant die amerikanische Gesellschaft ist.

»Es ist erstaunlich, dass Amerika die wirklich guten Dinge wie die Multikulturalität eher geheim hält, während es nach außen die billigsten Dinge unterstreicht und bewirbt, schlechte Filme etwa oder fette Hamburger«, beklagte bei einer Konferenz zum Image der USA in Washington der Politologe und Autor Benjamin Barber.

Ist die Marketingstrategie schlecht oder das Produkt selbst? Der Politologe sieht es so: Die Zeit sei längst gekommen für eine *Declaration of* Inter*dependence*, die ein neues Image reflektieren würde – die USA als Teil einer Welt, die Probleme gemeinsam löst. »Was hat Amerika davon, in einem großen Schiff in der ersten Klasse zu sitzen, wenn es ein Leck in der dritten gibt?«, fragt Barber. »Wir haben viel anzubieten, Werte, Verfassung, ›*way of life*‹, Toleranz et cetera, aber der Widerstand, die Angst der anderen vor Danaergeschenken ist oft groß.«

Was verbirgt sich also in dem (trojanischen) Pferd aus dem (wilden) Westen? Schon seit dem Ersten Weltkrieg setzen die USA in ihren PR-Bemühungen auf eine Mischung aus Werbung, Auslandshilfe, kulturellem Austausch und weit reichenden diplomatischen Kontakten. Woodrow Wilson appellierte 1916 an die Teilnehmer des Internationalen Handelskongresses, »hinauszugehen und Güter zu verkaufen, die die Welt bequemer und glücklicher machen, und diese dann in amerikanische Prinzipien umzuwandeln«.

Die USA seien selbst zur Marke geworden, meint Reinhold Wagnleitner, Historiker an der Universität Salzburg und Autor des Buches »Coca-Colonization and the Cold War – The Cultural Mission of the United States in Austria after the Second World War«. »›Amerika‹ wird mit Schlagwörtern wie Demokratie, Chance, Freiheit, Reichtum, Erfolg, Jugend assoziiert, aber wie das bei vielen Werbungen der Fall ist, kann die Realität ganz anders sein als das Image der Marke.« Wagnleitner führt aus, dass europäische Debatten über Popkultur immer Debatten über Amerika (gewesen) seien. Popkultur ist als Konnotation der USA nicht wegzudenken. Amerika als Zentrum der kapitalistischen Konsumkultur und zugleich deren erfolgreichstes Produkt.

Was bedeutet Amerikanisierung? Modernisierung, Orientierung nach Westen, McDonaldisierung, Disneyfizierung? Nicht alles, was aus Amerika kommt, ist gut, nicht alles schlecht. So zeigte sich denn auch, dass Österreich im 20. Jahrhundert vieles aus den USA übernahm, dabei aber wählerisch vorging und amerikanische Anleihen oft auf österreichische Weise modifizierte. Das gilt für Politik(-wissenschaft), Journalismus und Medien, im speziellen für das Fernsehen, für die Musik sowie für Wirtschaft und Industrie, denen amerikanische Technologie, Rationalisierung und Effizienz als Vorbild galten. Man unternahm Reisen nach Amerika, studierte und kopierte die Lehren von Taylor und Ford. Zugleich stießen amerikanische Managementmethoden in Österreich auf Hürden und die rationalisierten Produktionsmethoden auch auf Kritik.

Ambivalenz scheint die einzige adäquate Antwort auf Amerika zu sein. Und nicht alles, was oberflächlich amerikanisch ist, kann der cisatlantischen Seele tatsächlich etwas anhaben. So fürchteten etwa viele Österreicher, dass Starbucks-Kaffee den europäischen Werten (und Taillen) noch mehr Schaden zufügen würde als bisher Big Macs. Aber bis jetzt scheinen Melange und Caramel-Macchiato friedlich zu koexistieren. Und noch sind die Taillen unter Kontrolle.

Amerika von A bis Z